启真馆 出品

# 加缪手记

## 第二卷

## 1942.1-1951.3

［法］阿尔贝·加缪 著

黄馨慧 译

*Albur Camus*

ZHEJIANG UNIVERSITY PRESS

浙江大学出版社

## 图书在版编目（CIP）数据

加缪手记. 第二卷 / （法）阿尔贝·加缪著；黄馨慧译. —杭州：浙江大学出版社，2016.7
书名原文：Carnets Ⅱ, janvier 1942−mars 1951
ISBN 978−7−308−15943−2

Ⅰ. ①加… Ⅱ. ①阿… ②黄… Ⅲ. ①加缪，A.（1913−1960）—文集 Ⅳ. ①B565.59−53

中国版本图书馆CIP数据核字（2016）第123524号

**加缪手记. 第二卷**

[法] 阿尔贝·加缪 著　黄馨慧 译

| | |
|---|---|
| 责任编辑 | 王志毅 |
| 文字编辑 | 赵　波 |
| 装帧设计 | 周伟伟 |
| 出版发行 | 浙江大学出版社 |
| | （杭州市天目山路148号 邮政编码310007） |
| | （网址：http:// www.zjupress.com） |
| 制　作 | 北京大观世纪文化传媒有限公司 |
| 印　刷 | 北京中科印刷有限公司 |
| 开　本 | 880mm×1230mm　1/32 |
| 印　张 | 12 |
| 字　数 | 218千 |
| 版印次 | 2016年7月第1版　2024年12月第22次印刷 |
| 书　号 | ISBN 978−7−308−15943−2 |
| 定　价 | 45.00元 |

# 大事记

**1942**

前往法国，住在利农河畔尚蓬市（Chambon-sur-Lignon）疗养病体。盟军登陆北非，加缪无法返回阿尔及利亚与家人团聚。

**1943**

年底，迁居巴黎。进入伽利玛出版社担任审稿员，并为地下刊物《战斗报》担任编辑工作。

**1944**

《战斗报》主编帕斯卡尔·皮亚离职，由加缪接任。战后继续在《战斗报》担任主编工作。

**1945**

双胞胎让和凯瑟琳出生。

1946

前往北美旅行。放弃《战斗报》主编一职。

年底又以《不做受害者，也不当刽子手》一文重现《战斗报》。

1947

4—5 月间出任《战斗报》社长，后交棒给布尔代（Claude Bourdet）。

1948

前往阿尔及利亚旅行。

支持加里·戴维斯的世界公民运动。

1949

前往南美旅行，旅程中旧病复发。

1950

先后前往卡布里和佛日山区疗养。

1951

《反抗者》出版后引起激烈笔战。

# 1942—1951 年间著作暨出版目录

## 1942

《局外人》，伽利玛出版（完成于 1940 年 2 月）

《西西弗斯神话》，伽利玛出版（完成于 1941 年 2 月）

## 1943

《鼠疫中的流放者》（*LES EXILES DANS LA PESTE*），Domaine Français 出版

《智慧与绞刑台》（*L' INTELLIGENCE ET L' ECHAFAUD*），Confluences 出版

《第一封致德国友人书》（*PREMIERE LETTRE A UN AMI ALLEMAND*），《自由月刊》（*Revue libre*）

## 1944

《第二封致德国友人书》（*DEUXIEME LETTRE A UN AMI ALLEMAND*），《解放笔记》（*Cahier de Libération*）

《误会》，伽利玛出版（1943 年完成）

《卡利古拉》，伽利玛出版（初稿完成于 1938 年）

为尚福尔的书写前言，Incidence 出版

1945

《反抗备考》（*REMARQUE SUR LA REVOLTE*），伽利玛出版。（《存在》〔*L'EXISTENCE*〕合集）萨尔维（ANDRE SALVET）的"沉默的战斗"前言，Portulan 出版

1946

《牛头人身》（*LE MINOTAURE*），L'Arche 出版。（写于1939—1940 年）"自由西班牙"前言，卡尔曼－莱维出版

1947

《鼠疫》，伽利玛出版

雷诺（RENE LEYNAUD）的《诗作遗集》（*POESIES POSTHUMES*）序言，伽利玛出版

梅利（JACQUES MÉRY）的《让路吾民》（*LAISSEZ PASSER MON PEUPLE*）序言，Seuil 出版

《鼠疫档案》（*LES ARCHIVES DE LA PESTE*），Palinugre 出版。（七星文库笔记〔Cahiers de la Pléiade〕，《普罗米修斯在地狱》〔*PROMETHEE AUX ENFERS*〕）

1948

《戒严》，伽利玛出版

《海伦的放逐》（*L' EXIL D'HELENE*），Permanence de la Grèce 出版

1950

《正义者》，伽利玛出版。（创作于 1949 年）

《谜》（*L' ENIGME*）

《时事集一》（*ACTUELLES I*），伽利玛出版

1951

《反抗者》，伽利玛出版

《遇见纪德》（*RENCONTRES AVEC ANDRE GIDE*），*N. R. F.* 出版

# 目　次

# 第四本

*1942.1—1945.9*

## 1—2 月

"那些没杀死我的会让我更强壮。"是没错，但……所以人很难去想到快乐。这一切都压得人喘不过气来。最好就是别再多说，把注意力转移到其他事情上面。

～～

要道德还是真诚？纪德说这是个两难。甚或："再没有像由疯狂所支使并以理性写下的东西那么美的了。"

～～

抛开一切。没有沙漠的话，还有鼠疫或托尔斯泰的小车站。

～～

歌德："当年我自觉得够像神，可以临幸人类的女子。"

～～

一个聪明人会觉得没有什么重大犯罪难得倒他。但纪德认为最聪明的人对此将不为所动，因为这会让他们受到限制。

～～

雷斯[1]轻易地就平息了在巴黎发生的第一次暴动，因为刚好碰上晚餐时间："他们叫这个作误点，连最狂热的分子都不想被耽误到。"

～～

|  | 托尔斯泰 |
|---|---|
|  | 梅尔维尔 |
| 国外的榜样 { |  |
|  | 笛福 |
|  | 塞万提斯 |

～～

雷斯："奥尔良公爵先生具备了一位绅士该有的各项品性，除了勇气之外。"

～～

---

1　雷斯（Retz）指德冈第（Paul de Gondi, 1613—1679）：雷斯地方主教，曾积极介入调停巴黎的投石党之乱。——译注

几个参加投石党的士绅在路上遇到出殡队伍，拔剑指着送葬队伍的十字架高喊："敌人就在这里。"

৩৯

官方对英国的敌意有很多理由（好或不好的，政治或非政治的）。但没有人会去提其中最差劲的那个动机：自己被打败了，便巴不得且卑劣地想见到那还在顽抗的也倒下去。

৩৯

法国人一直有革命[1]的习惯和传统。他缺乏的只是胆识：于是成了公务员、小资产阶级和小店员。把法国人的革命合法化是个神来之笔。让他在官方许可之下阴谋造反，屁股贴在椅子上就能改造这个世界。

৩৯

《奥兰或牛头人身》的题词[2]。

纪德。《无偏见精神》（ *Un esprit non prévenu* ）。"我想象他

---

1　加缪手稿上原作《伟大思想》（ *la grande pensée* ）。但另外一份改过的稿子上——不是加缪的笔迹——则改成"革命"（ *la révolution* ）。编者一致认定此处的修改乃出于加缪之授意。——原编注

2　下面的这段题词见于 1939 年于阿尔及尔出版的《夏》初版中，在后来巴黎的伽利玛出版版本中已删去。——原编注

在米诺斯的王宫里，急欲知道那牛头人身究竟是个何等言语无法形容的怪物；是否他果真如此丑陋？说不定其实很迷人？”

ح

在古代戏剧中，付出代价的总是正义的一方：普罗米修斯、俄狄浦斯、俄瑞斯忒斯等等。但这并不重要。反正无论正不正义，最后他们都会下地狱。没有奖赏，也没有惩罚。这就是为什么在我们这些被基督教的价值倒错蒙蔽了数百年的人看来，这些戏剧的本质就像空穴来风——演出时的那种悲怆情绪也是。

把“任凭自己受困于某既定想法是件很危险的事”（纪德）和尼采式的“服从”对立起来。关于穷人，纪德又说：“让他们获得永生或给他们革命”。关于我那篇讨论反抗的文章。普瓦捷被囚女说：“不要逼我离开我那亲爱的小洞窟”，尽管她住的房间里到处都是粪便[1]。

ح

有些心灵，譬如纪德、陀思妥耶夫斯基、巴尔扎克、卡夫

---

1　“普瓦捷被囚女”（La Séquestrée de Poitiers）是1901年发生在法国西南部大城普瓦捷的一个社会新闻，一个富家女因为与和她家人政治立场不同的男性相恋，被母亲以爱为由囚禁了二十五年，期间她赤身裸体，囚房中也因从未打扫而都是便溺。纪德曾根据这个事件写成同名的小说。——译注

卡、马尔罗、梅尔维尔等等会对正义及其荒谬的运作方式特别着迷。找出解释来。

✌✌

司汤达。想想如果巴雷斯[1]和司汤达也来写马拉泰斯塔或埃斯特家族的故事[2]。司汤达一定会用叙事体，"名家"报道的方式。司汤达的秘诀就在笔调和故事的不成比例（可与某些美国作家作比较）。存在司汤达和贝雅翠丝·琴奇[3]之间的正是如此不成比例。司汤达当初如果用悲情的笔调，那就失败了（姑不论那些文学史怎么说，提尔泰奥斯[4]仍为一可笑复可恨之作者）。《红与黑》的副标叫作"1830年纪事"。《意大利遗事》（等等）。

✌✌

---

1　巴雷斯（Maurice Barrès, 1862—1963）：法国作家，倡导"自我"崇拜，以及依附传统价值的共和民族主义，是法国20、30年代右派民族主义的思想导师之一。——译注

2　马拉泰斯塔（Malatesta）和埃斯特（Este）都是13—16世纪意大利北部的大家族。——译注

3　贝雅翠丝·琴奇（Béatrice Cenci, 1577—1599）：16世纪意大利贵族女性，因不堪父亲凌虐，弑父被判死刑，后成为罗马人民反抗贵族体制的象征。司汤达写过她的故事，收录在《意大利遗事》中。——译注

4　提尔泰奥斯（Tyrtée），公元前7世纪的斯巴达诗人，善写哀歌，鼓吹爱国主义。——译注

## 3月

弥尔顿的魔鬼。"离他越远越好……心就住在心里面,心中自可将天堂化为地狱,地狱变成天堂……在地狱中当统治者,好过在天堂里听差。"

亚当、夏娃的心理概况:"他得到的教导是冥思和勇敢——她则是柔弱和优雅迷人;他为的只有神。她为的则是他本性中的神。"

❦❦

席勒在"拯救了所有可救之人"后死去。

❦❦

《伊利亚特》第十卷。这些首领彻夜难眠,不甘心打了败仗,他们辗转反侧,游走,相爱,聚在一起想"做点什么",最后决定冒险派人去侦察敌情。

帕特洛克罗斯的马在战场上见到主人死了,流下眼泪。而(第十八卷)重返战场的阿喀琉斯在城壑上扎营,他长啸三声,手上的武器熠熠生辉,威猛难当。特洛伊人退缩了。第二十四卷。阿喀琉斯获胜后在夜里悲泣。普里阿摩斯:"因我竟做出这世上仍无人做得出之事,去吻那双杀死我孩儿的手。"

（仙露是红色的！）

≈≈

我们对《伊利亚特》所能做的最大赞美，就是虽然已经知道这场战争的胜负，但见到躲在壕沟里的希腊联军受特洛伊人炮火猛攻时，还是会紧张不已（《奥德赛》也有同样的张力；不然大家都知道尤利西斯最后会将那些求婚者全杀了）。那些第一次听这故事的人感受到的是何等精彩刺激！

≈≈

对心胸宽大的人来说。

让一个人对自己产生正面形象，比一直要他正视自己的缺点更能帮助到他。通常人都会想办法接近自己最好的一面。也可以应用到教育、历史、哲学和政治上。譬如我们是二十个世纪以来基督教形象的产物，两千年间，人面对的一直是这种受到屈辱的自我形象。结果显而易见。如果古希腊理想中那种美好的人类形象在过去二十个世纪曾被保留下来，难保今日的我们不会是另一番光景。

≈≈

精神分析家认为，人的自我一直在对自己演出，只是那个脚本是错误的。

亚历山大（F. Alexander）和斯托布（H. Staub）。《罪犯》（*Le Criminel*）。好几个世纪前人们认为歇斯底里症患者有罪，将来总有一天我们会让刑事犯接受治疗。

⌘

"在一面镜子前活着和死去。"波德莱尔说。大家对后面的"和死去"都不太注意。活着，大家争先恐后。但主宰自己的死亡，这才是困难所在。

⌘

被捕焦虑[1]。他常去一些高贵的社交场所：音乐厅、顶级餐厅走动。给自己建立一些关系，和这些人串联以保护自己。而且大家在那种地方摩肩接踵，感觉很温暖。他梦想能够出版几本令人惊艳的著作，让他的姓名因此包上一圈神圣不可凛的光环。他觉得，只要让警察看过他的书就可以了。他们一定会说："原来他是个有血有肉的人。是个艺术家。像这样的人，我们不能给他定罪。"他也想过如果染病，或身体有残疾，应该也能发挥同样的保护作用。他还想过要躲进医院、疗养所甚

---

1　见《鼠疫》第一章最后一节中的科塔尔一角色。——原编注

至精神院里头，就像从前的罪犯都会逃到沙漠去那样。

他需要接触，需要温暖。他评估自己的人脉。"身为M. Y.的朋友，和M. Y.的客人，应该不会受到这样的对待吧。"但关系永远不够用，那只威胁他的手还是坚定不移地越来越靠近。于是他的脑筋动到传染病上头去。想想如果来一场斑疹伤寒或黑死病，这不是不可能，从前也发生过。总之这在某种程度上是合理的假设。如此一来，一切皆改观了，变成沙漠自己找上门来。谁还有时间管你。理由是这样：假设有某某，在你不知道的情况下算计你，而我们对他的进度——他决定怎么做，还有他是否已经决定了——也一无所知。那必是黑死病无疑——更别说是地震了。

这颗狂野的心就是这样在呼唤同类，渴望他们的温暖。于是这个爬满皱纹且萎缩的灵魂，企盼沙漠能为他带来清凉，把他内心的平静寄托在一种疾病、一场鼠疫和重大灾难上。（待详述）

∽∾

A. B.的祖父，活到50岁时认为自己做得够多了，于是躺在他那间位于特莱姆森的小屋里，再也没起来过，除非是为了解决基本需求，直到84岁过世。因为小气，所以他一直不愿意买表，想知道时间，尤其是用餐的时候到了没，就全靠两个锅子，其中一个装满鹰嘴豆[1]，然后以一种专注而有规律的动作，把豆子一一地捡进另外那个锅里，这样他就可以知道自己在这用锅子计时的一天中已经过了多久。

其实早就有迹象显示出他这人天生对什么都不感兴趣，无论是工作、朋友、音乐还是咖啡馆。他从未踏出他居住的城市一步，除了那一次，他必须到奥兰去，不过在离特莱姆森最近的车站就下车了，觉得冒险很恐怖，于是搭下一班火车打道回府。对于那些惊讶于他竟能在床上一躺三十四年的人，他说宗教主张人生有一半时间在走上坡，另外一半走下坡，而下坡的时候，一个人的日子即不再属于自己。此外，他还自我矛盾地指出上帝并不存在，否则就不需要有传教士了，但大家都认为此一见解来自于对他们教区常常要民众捐款的不满情绪。

最后用来总结他这人的，是他会一再对愿意听的人重复他最大的心愿：他希望可以活到很老才死去。

❧

这其中有一种严重的玩票心态吗？[2]

---

1　参见《鼠疫》中有哮喘病的老头一角色。——原编注
2　参见《反抗者》引言部分。——译注

❦

一旦做出了荒谬的结论并愿意接受这样的人生，人就会发现意识是世界上最难把持的东西。所有的状况几乎都在跟它作对。事关如何在一个分崩离析的世界里保持清醒。

人于是发现，即使没有了上帝，真正的问题还是在于如何解决心理上的混乱（荒谬的作用实际上只会对精神和物质世界的形而上层面造成混乱）并得到内心的平静。他会发现未曾经过严格训练，不知如何与外界取得协调的话，内心就不可能获致平静。所以要去建立的，是尘世生活规范。

过去的人生（工作、婚姻、从前的想法等等），那些已发生之事，都会带来阻碍。不规避此问题的任一成因。

❦

那种对自己未曾历经之事侃侃而谈的作家固然可厌。但别忘了，杀人凶手并非谈论犯罪之最佳人选（但难道也不是谈论他自己所犯之罪的最佳人选吗？连这个都不确定了）。要知道创造和行动之间还是有一段距离的。真正的艺术家，就处于其想象与其行动之间。他是一个"有办法"的人。他可以成为他所描述的那种人，历经他笔下写的那些事。唯一能让他打退堂鼓的是起而行之，他只能想象自己已经做过了。

❧

"上级永远无法忍受他们的下属一副看起来很伟大的样子。"（《乡村教士》[1]）

前引书："没有面包了。"薇沃尼克[2]和蒙提涅克谷以同样的步调在进展。《百合》[3]中用的也是同样的象征手法。

至于那些说巴尔扎克写得不好的人，参阅《葛拉斯兰夫人之死》："她内心的一切都纯净了，明朗了，她脸上有一道仿佛是由围绕着她的那些守护天使所持之火焰剑所发出的反光。"

《妇女研究》：第三人称的叙事观点——但其实是毕昂雄说出来的。[4]

阿兰论巴尔扎克："他的才情在于安于平淡无奇的写作素材，将之转化为高贵卓越而不改其本质。"

---

1　法国小说家巴尔扎克的小说，发表于 1839 年。——译注

2　巴尔扎克原书中作 Montégnac，薇沃尼克·葛拉斯兰（Véronique Graslin）即书中女主角。——译注

3　全名为《幽谷百合》，巴尔扎克发表于 1836 年的小说。——译注

4　巴尔扎克发表于 1830 年的短篇小说，通篇以第三人称观点叙述，直到最后一句："给她看病且知道内情的我，晓得她只是在闹小情绪，趁机留在家中而已。"，读者才恍然大悟这些原来都是医生毕昂雄（Bianchon）所述。毕昂雄是《人间喜剧》中的医生角色，巴尔扎克常透过他来直击当时上流社会人士的行为举止和心理动机。——译注

巴尔扎克和《行会头子费拉居斯》[1]中的坟墓。

巴尔扎克的巴洛克风格:《行会头子费拉居斯》中对管风琴的描写和《朗热公爵夫人》[2]。

公爵夫人在蒙特里沃[3]身上所看到的那种忽明忽灭的焰光折射,亦见于巴尔扎克的所有作品中。

❧

有两种风格:拉法耶特夫人[4]式和巴尔扎克式。前一种的无可挑剔,后一种以量取胜,让人读了四个章节还不是很明白他究竟想说什么。巴尔扎克的法文不够完美,但这并无损,甚至还使得他成为一名好作家。

❧

我的世界之奥秘:不以人的永生来想象上帝。

❧

---

1  巴尔扎克发表于 1833 年的小说。——译注
2  巴尔扎克发表于 1834 年的小说。——译注
3 《朗热公爵夫人》中一热恋着公爵夫人的角色。——译注
4  拉法耶特夫人(Mme de Lafayette, 1634—1693):法国女作家,现代心理小说的鼻祖《克莱弗王妃》(*La Princesse de Cléves*)即其代表作。——译注

查尔斯·摩根和心灵的独一性[1]：独一意志所带来的幸福感
——追求卓越的坚持与才情——"这种死亡的能力即为天赋"，
相对于女性及其充满悲剧性格的生命之爱——这么多的主题，
这么多的乡愁。

❧❧

莎士比亚的十四行诗：
"凝视着盲人所能见到的黑暗。"
"——这个时代的所有愚人
其在为善而死之前，一生皆于罪恶中度过。"

❧❧

美丽的地方大家都尽其所能地想要维护——于是也最难捍
卫。所以艺术人难保不会遭到丑陋一族的攻击，如果人们认为
爱自由没有爱美来得重要的话。这是一种出于本能的智慧——
自由是美的根源。

❧❧

---

1　查尔斯·摩根（Charles Morgan, 1894—1958），曾为他 1938 年的剧作《溪流潋滟》
（*The Flashing Stream*）写了一篇很长的前言《论心灵之独一性》（*On Singleness of Mind*）。——译注

卡吕普索[1]让尤利西斯去选，是要长生不死还是要回故乡。尤利西斯放弃了长生不死。也许整部《奥德赛》想讲的就是这个。在第十一章中，尤利西斯和众亡灵在注满血水的坑前——阿伽门农对他说："不要对你的妻子太好，也不要把所有的想法都告诉她。"

❧

另外值得一记的是《奥德赛》中曾提到宙斯为造物的父。若有白鸽坠毁在岩石上，"天父便会另造一只，以免鸽子数目不足"。

第十七章——忠狗阿尔戈斯。

第二十二章——那些委身的女人都被吊死了——难以置信的残忍。

❧

仍是有关于司汤达的纪事体风格——见《日记》（*Journal*, p.28-29）。

---

1　卡吕普索（Calypso）：希腊神话中的海中女仙，曾将尤利西斯囚禁海岛上七年。——译注

"至高无上的热情可以是为情妇打苍蝇。"[1] "只有非常有个性的女人才能让我感到快乐。"

妙语之一："就像那些把精力都集中在一两件重要事情上的男人常有的样子，他看起来既懒散又不修边幅。"

卷二："今晚的感受多到让我觉得胃痛。"

对自己的文学前途没看走眼的司汤达，却彻底搞错了夏多布里昂："我敢说他的文章到 1913 年就再也没人要看了。"

⌘

海涅的墓志铭："他喜爱布伦塔河的玫瑰。"

⌘

福楼拜："我每见到有人在评断他人，不是觉得可悲，便是觉得要笑破肚皮了。"

对热那亚的看法："一个全部用大理石建造的城市，公园里种满玫瑰。"

又："想做结论时就会说出蠢话来。"

⌘

---

1　这句的上一句是"要评量一个人的热情，就得知道这人愿意为他的热情付出哪些代价"。——译注

福楼拜书信集。

第二卷。"广受女性青睐往往意味此人庸俗无才。"（？）

前引书。"过着资产阶级的生活，并用神人（démi-dieu）的角度思考"？？参考：蛔虫的情节。

"那些名著都很笨拙，神色看起来就像大型动物一般安详。"

"如果我 17 岁的时候有人爱，我现在会是怎样的一个艺术家！"

❧

"在艺术里，切莫害怕使用夸张的手法……但夸张必须能够持续下去——要和夸张的程度成正比。"[1]

其目的：用讽刺的态度来接纳人生并透过艺术为它进行全面的改造。"活着与我们无关。"

可以用这个鞭辟入里的关键句来解释此人："我坚信大儒主义的下一步就是禁欲了。"

同上。"若非曾有那些错误想法的指引，吾人在此世间恐将一事无成。"（丰特内勒[2]）

乍看之下，这人的一生比他的作品还要精彩。它是一体的，充满张力，绝不退让。里面充满了精神上的统一性。贯穿所有

---

1　加缪在札记手稿上，曾加注"见：白辽士书信集。政治神学论。"——原编注

2　丰特内勒（Fontenelle, 1657—1757）：法国作家。——译注

这些岁月的只有一个念头。他才是小说。当然要重读。

〜〜

人永远都有一套哲理来解释自己为何缺乏勇气。

〜〜

艺术批评之所以会想用绘画的语言来表达，是因为怕被贴上文学的标签，结果反而更无法跳脱文字。所以要回归到波德莱尔。人性化，但客观的移植[1]。

〜〜

V 太太，置身腐肉的气味中。三只猫。两条狗。描述她的心曲。厨房锁着。里面热得令人受不了。

整个天空和热浪就压在海湾上。到处都是光亮。但已经看不到太阳。

〜〜

孤独的困境仍有待加以完整地探讨。

〜〜

---

1　指"艺术移植"（la transposition d'art）。——译注

蒙田：一种滑溜、养晦和缄默的人生。

～～

　　现代人的理解力正陷于混淆中。知识扩展的结果，让整个世界和心灵都失去了着力点。虚无主义对吾人的荼毒已是事实。但最令人叹为观止的是那些关于"回归"的主张[1]。回归中古世纪，回归原始精神状态，回归土地、宗教和古法集成。为了让这些狗皮膏药看起来似乎有效，我们还得装出一副无知的样子——仿佛自己什么也不懂——总之就是假装把那些无法抹杀的抹去。并将数世纪来的累积和某种精神不容漠视的成就一笔勾销，尽管这精神的最新进展是终于为自己又创出了一片混沌。但这是不可能的。要治本，我们就不能刻意去忽略这个清醒意识、洞察力，必须谨记我们在遭到放逐的过程中所得来的顿悟。我们的理解能力之所以陷入混乱，并不是由于世界被知识改变了。它之所以混乱，是由于它跟不上这样的动荡。它"还无法接受这样的想法"。一旦接受了，自然拨云见日。剩下的问题就是去面对动荡以及从中获取的明白知识。这一整个文明都有待重建。

～～

---

1　影射贝当时期的言论和文字。——原编注

唯一证据皆须明显而具体。

❦

孟德斯鸠：“欧洲，会被它那些好战分子搞垮。”[1]

❦

谁能够说：我这八天来过得很完美。我的回忆对我这么说，而且我知道它并未撒谎。是的，这印象就如同那些长昼一般完美。这些欢愉全都来自于身体，也全都得到了心灵的同意。这就是完美，接受自己的状态，认同并尊重人性。原始而纯净的绵延沙丘！水之庆典从晨间的如许漆黑，变成正午的如许清朗，再化为傍晚的温煦和金黄。漫长的上午，就徜徉在沙丘上那些裸体之间，压垮人的正午，接下来还有一连串的动作要重复，讲那种人家已经说过的话。这曾经是青春。如今这仍然是青春，而年届 30 的我，只渴望这样的青春可以一直持续下去。但是……

❦

哥白尼和伽利略的书当初只能待在索引中，直到 1822 年。

---

1　语出孟德斯鸠《随想录》(*Mes Pensées*)，“欧洲”原作“法兰西”。——译注

三个世纪的坚持，漂亮。

∽∾

死刑。一般认为杀人者当死，因为这种罪行会让一个人完全丧失活下去的权利。他若杀了人，就表示他已经活完了。可以死了。谋杀已将他的生命完全填满。

∽∾

19世纪以后的文学，尤其是20世纪的，究竟和古典时期的文学有何不同呢？它仍然喜欢说教，因为毕竟还是法国的文学。但古典时期的说教是一种批判式的说教（除了高乃伊之外）——用的是负面手法。相反地，20世纪的说教则是正面的：它会去界定某些生活形态。瞧瞧那些浪漫派的英雄，司汤达（他就是因为这点而完全属于他的时代）、巴雷斯、蒙泰朗、马尔罗、纪德等等。

∽∾

孟德斯鸠："有些蠢话已经蠢到还不如一句更蠢的话来得有价值。"

∽∾

"永恒轮回"也许没有那么难懂，如果我们可以把它想象成某些重要的时刻会一再重复——仿佛一切都是为了复制或提醒大家不要忘记那些人性的最高表现。意大利原始画派或圣约翰受难曲，全都在无边无际地重现、模仿，评论当年圣山上的那句"成了"[1]。所有的失败，都和雅典被罗马蛮族攻破有点类似，所有胜利都会让人想起萨拉米斯之役等等[2]。

⁂

布鲁拉[3]："我的创作就像我的感情世界一样，一直让我有种难以启齿的感觉。"

前引书。"那种八到十人的沙龙聚会，座中每一位女性都曾经有过情夫，谈话的内容尽是些奇闻轶事，气氛融洽，晚上十二点半一到，大家还会来点薄薄的潘趣酒，这样的场合是这世上最能让我放松的地方。"

⁂

---

1　指耶稣在各各他山被钉上十字架刑，临终前所说的话，见《约翰福音》19 章 30 节。——译注

2　萨拉米斯之役：希波战争中的决定性战役，发生于公元前约 480 年，雅典海军在萨拉米斯湾大败波斯舰队。——译注

3　布鲁拉为司汤达的自传《亨利·布鲁拉的一生》（*Vie de Henry Brulard*）中的主角名，暗指作者的真名亨利·贝尔（Henry Beyle），司汤达因拒用父姓，故有此化名。——译注

被捕焦虑[1]：他寄月钱给儿子的时候，决定多寄一百法郎。因为他被逼得不得不慈悲，不得不慷慨。焦虑让他成了一位利他主义者。

于是这两位在城里躲躲藏藏一整天的人，一旦有说话的机会，就会变得多愁善感。其中一个在哭，说他和妻子已经两年没见了。有些城市里的亡命之徒是单独行动的，想想他们天黑之后的心情。

❧

致 J.T. 关于《局外人》。

这本书常被拿来讨论，而那种调性……是故意的。不可否认中间曾有四五次的转折，但那是为了避免单调，增加它的艺术性。面对监狱里的神父，我的《局外人》不愿为自己辩护。他还发起脾气来，这个就很不一样了。您说这样一来都是我在解释？是的，而且关于这点我还考虑了很久。我后来下定决心这么做，是因为我想通过日常事件让我的人物自然而然地来到唯一的大问题前面。这个重要的时刻必须凸显出来。不过我要强调我的人物性格并未因此而前后矛盾。他无论在这一章或书中其余的任何一处，都只是一直在回答问题。之前，是一

---

1　见《鼠疫》第一章最后一节。——原编注

些我们每天都会被人问到的问题——此刻，则是监狱神父提出的问题。我就是用这样的否定法在描绘这个人物。

当然，这些都只是写作技巧，而非目的。小说前后两个部分的高度相似性，是全书精义所在。结论：社会需要的是那些会在他们母亲丧礼上哭泣的人。或者：用来判我们刑的，永远不是我们自己认定的那个罪名。我还可以做出其他十个可能的结论。

❧

拿破仑名言。"快乐就是把自己的能力发挥到极致。"

在厄尔巴岛前："活着的无赖比死掉的皇帝来得有价值。"

"一个真正伟大的人总是能在自己引起的事件中占到优势。"

"人除了要有求生意志，还要懂得死。"

❧

对《局外人》的批评。"假道学"肆虐。那些笨蛋，把否定当成放弃，然而这却是一种选择（鼠疫的作者指出了否定的英雄面）。对一个失去上帝的人——其实这也是所有人的写照——来说，没有别的可能性了。还自以为在那些先知的煽动里看到力量，而爱着信仰就是伟大的表现！但这种用诗及其隐喻去进行的斗争，这种虚假的精神抗争是最不费劲的。它也没有用，这一点每一个独裁者都晓得。

❧

没有明天[1]

"我在思索的那种重要性超过自己，但我对它只能体认却无法加以定义的东西是什么？锲而不舍地迈向否认行动之神圣性——一种没有上帝的英雄主义——终于是纯粹的人了。所有的人类美德，包括面对上帝时的孤独。

基督教那典型（唯一）的优越性是怎么来的？基督和基督教的圣徒们——追求一种生活方式。这个作品所包含的形式，和它在徒劳地追求完美的路上所历经的阶段一样多。《局外人》是原点。同上：《神话》。《鼠疫》向前踏出了一步，并非从零到无限，而是迈向一个更深沉，有待界定的复杂体。最后出现在终点上的将是那个圣人，但他有他的算术值——像人一样可以测量。"

❧

关于批评

三年写一本书，五行字即可加以丑化——而且引用的句子还是错的。

---

1　这个标题似乎是校阅过后才加上去的。——原编注

给文学批评家 A. R. 的一封信（注定不会寄出）。

……您的评论中有个句子让我感到很惊讶："我不会去考量……"一个见多识广，对任何艺术作品中的精心布局皆了然于心的批评家，在解读一幅人物的画像时，怎么可能对该人物唯一对读者说出心事的告白时刻视而不见？而且您怎么可能会没有感觉到这样的结局同时也是一种收束，一个让我笔下那原先如此松散的人物，终于可以汇聚起来的理想点……

……您认为我有写实的野心。写实主义是个空洞的字眼（《包法利夫人》和《群魔》都是写实小说，但两者毫无相同之处）。对此我根本毫不在意。如果一定要说我有什么野心，我倒认为是在象征上的。这点您其实也发现了。只是您赋予了该象征一个它所不具备的意义，更有甚者，您还无中生有地把一种可笑的哲学套在我头上。您认为我相信的是自然人，说我将人比成植物并主张人类的本性和道德无关等等，老实说，这些论点在书中根本找不出任何证据。书中主角从来不会主动。您没有发现他永远仅满足于回答问题，无论是关于人生或人情的问题。所以他从来不会去肯定什么。我所给出的只是一张关于此人的负片。对于他真正的想法，您根本无从判断，除非是在您恰巧"不会去考虑"的最后一章中。

这种"尽量少说"的用意所为何来，在此我就不对您赘言了。但我至少可以对您未经深思熟虑就把那种实在令人无法接

受的吧台哲学套在我身上，表达遗憾。如果我接着指出您文章
中唯一的引述竟是错的（指出来并加以修正），而且还由此而
衍生出一些谬误的推断，您对我所说的一定就更能体会了。也
许当您写下"无人性"一词时，您的脑际还曾经掠过另外一种
哲学主张。只是去揪出这个有何用？

　　您也许会觉得我太大惊小怪，这不过是个没听过的作者写
的一本小书。只是我认为这事已经超出我的理解范围。因为您
把自己摆在一种道德观点上，这让您无法用您那公认的才气和
洞察力来做出判断。这一类的立场实在不可忍受，对此您比任
何人都要了然于心。然而您的批评，和人们即将在一种专看这
部或那部作品道不道德的文学风气（前车之鉴犹未远）下所会
做出的那些批评，两者之间并无大不同。此话我是心平气和地
对您说的，但这实在很令人生厌。无论是您或任何人，都没有
资格去评断一本书在现下或未来是否对国家有用或产生妨碍。
事实上，只要不是在如此狭隘的精神下所做出的批评，即使更
严厉我亦能坦然接受，这点您若能理解，敝人定铭感五内。

　　无论如何我都希望这封信不要再引起新的误会。我给您写
这封信的目的也不是为了要抱怨。我要请求您莫将此信中的任
何内容公之于世。您不常在今天那些其实不是那么难进去的杂
志里见到我的名字。这是因为我既然在那上头没什么好说的，
就不想为了打知名度而牺牲。我现在出版的这些书，都是花了

许多年才写出来的，我唯一的理由是我要完成它们，然后继续写下去。我不会去期待它们为我带来什么物质上的好处或声望。我只希望它们能引起注意，人们会拿对待任何良心事业的同样耐性来看我的作品。但似乎这样的要求还是太过分了。无论如何，先生，还请接纳我对您诚挚的敬意。

❧

《局外人》的组成中包含了三个人物：两个男人（其中一个是我）和一个女人。

❧

布里斯·帕兰。论柏拉图学派的逻各斯[1]。把逻各斯视为言说加以探讨。归结出柏拉图的表现理论。指出柏拉图致力追求的那种理性写实主义。问题的"悲剧性"何在？如果我们的言说是无意义的，那么一切都没有意义了。如果那些诡辩派是对的，那么这个世界即为荒诞疯狂。柏拉图不用心理学而用宇宙论的方式来解决问题。帕兰论点的原创性为何？他认为言说的问题是形而上学的，而非社会或心理学的……等等。见笔记。

---

1　加缪曾在《诗刊》（*Poésie 44*, No.17）发表过一篇为布里斯·帕兰（Brice Parain）所写的长文，题为《论某表现理论》（*Sur une philosophie de l'expression*）。——原编注

❧

　　法国工人——唯一让我感到和他们在一起很自在，让我想要认识并过那样生活的一群人。他们跟我一样。

❧

## 1942 年 8 月底

　　文学。当心这个词。不要太快将它说出口。如果把那些伟大作家身上的文学性去掉，他们那些最特殊的个人特质大概也荡然无存了。文学＝乡愁。尼采的超人，陀思妥耶夫斯基的深渊，纪德的自由行动等等，等等。

❧

　　这每天都在我耳边响个不停的泉水声。那些水在我四周淌流，穿过阳光普照的草原，然后离我愈来愈近，不久这声音就要进到我体内，这泉将流入我心中，这泉声将伴随我所有的思绪。这是遗忘。

❧

　　《鼠疫》。根本走不出去。这回是在写的时候有太多的"偶发事件"。应该要紧紧地扣住那样的概念。《局外人》写的是

31

一个人面对荒谬时的赤裸无助。《鼠疫》基本上也是面对同样荒谬情境时一些类似的观点。这样的进展在别的作品中会更清楚。何况，《鼠疫》已经指出了荒谬什么都不能教给我们。不会再有别的进展了。

❧

面包总管[1]。日出之前，在高耸丘陵上，那些冷杉和底下簇拥着的林涛仍浑然一体。接着，太阳从后面很远的地方把树梢全染成金色。于是在尚未褪色的天空下，仿佛有一整群头上插着羽毛的野蛮人，从山坡后面冒出来。太阳愈高，天空愈澄澈，冷杉也跟着长大，野蛮部队看似步步进逼，集结出一大片闹哄哄、准备发动攻击的羽毛。然后，一旦太阳爬得够高时，整面山坡上的冷杉一下子全被照亮了。看起来就像野人们正往谷底狂奔而去，一场剧烈而短暂的战斗已然开始，白日的蛮族即将对夜之冥思的残部展开驱逐。

❧

乔伊斯令人感动的不是作品，而是他去写了这个作品这件

---

1 因为健康的理由，加缪曾于1942年冬到1943年春，住进利农河畔尚蓬市附近一家叫做"面包总管"（Panelier）的家庭旅馆静养。——原编注

事。所以要把写作的悲愤——其与艺术毫不相干——和对艺术的热情本身分清楚。

❧❧

告诉自己艺术是一种人间的东西，创作者根本不必去期待什么超验性的"指示"。《修道院》[1]《费德尔》和《阿道尔夫》应该可以很不同的——而且不会比较不美。这端看他们的作者——绝对的主人。

❧❧

许多年之后如果想写一篇关于法国的文章，对眼前这个时代一定无法避而不谈。这想法是在一列省级小火车上[2]浮现的，我将永远难忘那些挤在一个个小小火车站里的法国人，他们的脸庞和身影——从我眼前掠过时的情景：一对农民老夫妇，她就像羊皮纸似的坚韧，他的脸却仍然光滑，脸上闪烁着两只浅色眼睛和一道白色八字胡——因两个冬季的匮乏而扭曲变形的身影，身上穿的是缝缝补补，被磨得发亮的衣服。这群苦难的人民已经不再优雅。火车上的行李箱全部松松垮垮，不是用绳

---

1　指司汤达的小说《巴马修道院》。——译注
2　加缪每个礼拜都会从利农河畔尚蓬市搭火车到圣艾蒂安去接受治疗。——原编注

子捆着，便是用硬纸板随便补补。

同上。工业城里——这个出现在窗边的老工人，架着圆框眼镜，想利用这天最后的一点光线阅读，他的书乖乖地躺在平摊的双掌上。车站里，一整群来去匆匆的民众毫无怨言地吞下某种令人作呕的食粮，然后走进昏暗的城里，摩肩接踵却不会彼此混淆地回到各自的宿舍、房间等等。全法国皆满怀期待地承受着这无望复无声的人生。

每月的十、十一、十二号，大家都在抽烟。到了十八号，街上就再也借不到火了。火车上大家都在谈论干旱。此地的旱象虽不似阿尔及利亚的壮观，但并不会好多少。一个老工人说起他的惨境：他那间一房一厅，离圣艾蒂安一小时的公寓。通车两小时，工作八小时——家里什么吃的也没有，黑市的东西太贵买不起。一个年轻妇人，要洗好几个钟点的衣服，因为她有两个小孩，她丈夫在前线得了胃溃疡回来。"他得吃烤得熟透的白肉。这个您说上哪儿找去。人家给他开了一张饮食控制的证明书。然后给他四分之三公升的牛奶，可是完全不给一点油脂。您看过一个大男人光喝牛奶就够了的吗？"有时候她帮客人洗的衣服还会被偷，她就得赔。

这时雨水把这座工业谷中那些脏兮兮的景物都打湿了——这个悲惨世界的刺鼻味——这些人生命中的可怕境遇。然后那些别的人就只会说些空话。

清晨雾中的圣艾蒂安，在一堆乱七八糟的塔槽、建物和那些仰口朝着阴郁天空喷吐炉渣的大烟囱所组合而成，活像供品似的巨大蛋糕之中，响起了上工的汽笛声。

❧

布杰约维采，第三幕[1]。妹妹在母亲自杀后又出现。

与妻子对话的场景：——您凭什么讲话？

——凭我的爱。

——那是什么？

剧终妹妹退场。妻子哭喊起来。一向沉默寡言的女仆被哭声引进场：

——啊是您，您至少帮帮我吧！

——不。（落幕）

❧

一切伟大的德行都有荒谬的一面。

❧

对他人人生的乡愁。那是因为，从外面来看，它是一伙的。

---

1　为《误会》第三幕第三场所做的笔记。——原编注

而我们自己的人生，从内部来看，似乎乱七八糟。我们还在追求一种一致性的幻觉。

❧

科学会去解释那些行得通的，而非那些存在的。譬如：为什么要讨论各式各样的花，而不是一朵花？

❧

小说。"清晨他冒着秋日的寒风，在一处草原角落上那些高大的榛树下等她。几只黄蜂不是很来劲的嗡嗡声，叶片间的风，山那边一只固执地叫着的公鸡，低低的狗吠，一声声越飞越远的乌啼。在阴沉沉的九月天和潮湿的土壤之间，他觉得自己等待的不只是玛尔特，还有冬天。"

❧

兽交会让人对"他者"的意识消失殆尽。它成了"自由"。此即为何如此多才俊曾为之所诱，甚连巴尔扎克亦然。

❧

面包总管。9月的第一场雨，伴随着一阵把黄叶打落大雨中的轻风。那些叶子会先在空中一阵飘荡，直到叶片上乘载的雨滴重得突然将它们压倒在地。如果风景很普通，像这里，反而让人更能察觉到四季的变换。

〰️

贫困的童年。太大的雨衣——午睡。维卡球[1]——星期天在婶婶家。书——市立图书馆。圣诞夜返家看到有人死在餐厅前面。地窖里的游戏（让娜、约瑟夫和麦克斯）。让娜把每一颗纽扣都捡起来："有钱人就是这么来的"。哥哥的小提琴和歌唱练习——嘎路发[2]。

〰️

小说。不要把"鼠疫"放进标题里。而是诸如"囚徒"之类的。

〰️

--------

1　维卡球（La canette Vinga）是加缪童年玩的一种"穷人的网球"，用类似乒乓球的球拍，将一只约八厘米长，两端削尖形状像雪茄的木棍击出，愈远愈好。——译注

2　Galoufa，阿尔及尔的俚语，指专门捕狗的市府雇用人员（当地流行狂犬病），是一种被轻视的行业，街童捉弄的对象。——译注

阿瓦库姆[1]和他的妻子走在西伯利亚的冰天雪地里，徒步。司祭长夫人："我们还要忍受很久这样的痛苦吗，司祭长？"阿瓦库姆："一直到死，马可的女儿。"她听了叹口气："很好，彼得的儿子，那我们继续往前走吧。"

❧

哥多林前书（7：27）："你有妻子缠着呢，就不要求脱离，你没有妻子缠着呢，就不要求妻子。"

路加（7：26）："人都说你们好的时候，你们就有祸了。"

犹大以使徒的身份行奇迹（圣金口若望）。

❧

庄子（第三位道家大师——公元前4世纪后半叶）有着和卢克莱修一样的观点："大鹏乘风一直飞到九万里的高空。它从上面往下看到的是一群群奔腾的野马。"

❧

在公元以前，佛陀是无法描绘的，因为他已涅槃，也就是

---

1　阿瓦库姆（Avakkum, 1620—1682）：莫斯科喀山大教堂的司祭长，曾是当时反对东正教改革的保守派领袖，公认其自传乃17世纪俄国文学代表作之一。此句出自《阿瓦库姆回忆录》（*Memories d'Avakkum*）——译注

说不具有任何特定的形象。

❧

照普鲁斯特的说法[1]，这不是自然模仿艺术的问题。而是大师让我们学会看见大自然中那些他在创作中以独一无二的方式离析出来的东西。每个女人都成了雷诺阿的画。

"在床尾，因这临终前的每一声喘息而抽搐，没有哭泣但偶尔会被眼泪湿透，我母亲看起来就像一片任凭风吹雨打，饱受摧残的叶子。"Gu[2]。

"那些曾在我们生命中扮演重要角色的女性，不太可能一下子就永远地消失无踪。"Gu。

《追忆逝水年华》是一部英雄式的阳刚之作。

（1）因为那始终一致的创作意志。

（2）因为一个病人要做到这般坚持所须耗费的气力。

"每次发作起来，害我一连几天几夜不只不能入睡，甚至无法躺下，不能吃也不能喝，当我筋疲力尽而且那痛苦之剧也达到一种我觉得自己永远也走不出去的程度时，就会想起某个被

---

1　普鲁斯特（Marcel Proust, 1871—1922）认为就算一开始我们觉得皮埃尔－奥古斯特·雷诺阿画的女人根本不像女人，然而一旦习惯了这种新画法之后，我们看到的女性就会开始变得跟雷诺阿画的一模一样。——译注

2　Gu 指的是盖尔芒特（Guermantes），亦即《追忆逝水年华》中第三卷《盖尔芒特家那边》。——译注

丢在沙滩上旅人，因为吃了有毒的植物，全身在被海水打湿的衣服里发着高烧，但两天之后，他觉得自己好多了，于是又任意选了一条路重新出发，希望能碰到随便什么当地居民都好，尽管那也许是个食人族。想着想着便不觉振作起来，有了希望，并对自己刚才一时的灰心丧志感到羞惭。"（《索多玛和蛾摩拉》）

∽

他不想带那个前来勾搭，而且他也不想找看上眼的妓女去开房间，因为他身上只有一张一千法郎大钞，不好意思叫她找钱。

∽

和普鲁斯特背道而驰的感受：在每一座城市、每一间新的公寓、每一个人、每一朵玫瑰和每一次爱情之前，赞叹其新颖的同时，亦思及习惯将对它们发生的作用——到未来去寻找这些事物将带给我们的"熟悉感"，追寻那些尚未到来的时光。

譬如：

夜晚，孤独地来到陌生城市里——那种窒息感，面对某种还要复杂一千倍的组织时的手足无措。但只要隔天找到主要道路，一切就能依据它而变得井井有条，我们于是也安定了下来。去搜集那些夜抵陌生城市的经验，去感受这些不知名旅社房间里的能量。

❧

在电车上："他出生的时候很正常。但八天后，眼皮就黏起来了。所以说，那双眼睛肯定是烂掉了。"

❧

就像有时我们会因为那些性的形象，而被某些城市（几乎都是我们曾经住过的地方）或生活方式所吸引——那我们就是上当了。因为，就算是我们之中最没有灵性的人，也不可能把生活的重心都摆在性上面，或至少可以说，我们每天的生活里有太多的事情跟性完全扯不上关系。以至于人在很辛苦而且是偶一为之地体现了这些形象中的其中一幅，或趋近这些回忆中的其中一段之后，接下来的日子便会像长茧一样披上了大片大片的空白。于是又该去渴望别的城市了。

❧

对《局外人》的批评：无动于衷，他们说。这个词不对。说友善会好些。

❧

布杰约维采（或上帝不回答）[1]。那沉默寡言的女佣是个上了年纪的仆人。

最后一场中的妻子："主啊，可怜可怜我，转过来看看我。听我说，主啊。给我您的手。主啊，可怜可怜那些相爱却不能相守的人。"

老妇进场。

"您在叫我吗？"

妻子：——是……不……我搞不清了。但是拜托您，拜托您帮帮我，我真的需要帮助。可怜可怜我，好心帮帮我吧。

老妇：——不。

（大幕）

找出更多的细节让象征更强烈。

❧

他承受的苦难如此之多，但为何他的面孔在我看来仍是那种幸福的脸？

❧

小说。看着心爱的女人垂危的身躯，他说："我不能，我不能

---

1　为《误会》最后一场所做的笔记。——原编注

让你死。因为我知道我一定会把你忘掉。我愿意失去一切，将你留在这世间的这一边，只有这边我才能与你紧紧相拥。"等等，等等。

她："哦！死前知道自己一定会被忘掉真是件可怕的事。"

继续探索且用并进的手法来表达两种观点

࿇

将我写《鼠疫》的意图清楚地做一个摘要。

࿇

10月。犹然青翠的草地上落叶枯黄。一阵急促而有力的风，用有声的阳光，在那片绿色的草原砧板上打造出一道光芒，里头群蜂嘈杂，声音一直传到我这边。红之美。壮丽、有毒和孤单，像橘红色一样。

࿇

我们可以在斯宾诺莎中看到对那些既存者的推崇，而非那些想要存在或应该存在者——厌恶非黑即白的价值判断以及道德分级——与神圣之光[1]中善与恶的某种类似。"人较爱秩序较

---

[1]　在斯宾诺莎（Baruch de Spinoza, 1632—1677）的词汇中，"神圣之光"指的是理性。
　　——译注

不爱混乱，仿佛秩序乃某一自然中的真实事物。"（《伦理学》第一部附录）

对他而言，难以想象的并非上帝创造完美的同时也造出了不完美，而是他不曾造出不完美。因为他既有那样的能力去造出整个从完美到不完美的所有级别，他就不可能错过不完美。这种说法如果令人不悦，那是因为我们的观点有误。

这样的上帝、这样的宇宙是不动的，而各种理性则试着从中取得和谐。一切都是一次就决定了。如果我们乐意，就应该去厘清宇宙中的果和因（几何图形就是这么来的）。但这样的宇宙没有任何企图，也不是从何者演变而来，因为它已然完备，而且一向如此。宇宙中没有悲剧因为它根本没有历史。要说它有多么不仁便有多不仁。这是一个需要勇气的世界。

（这也是一个没有艺术的世界——因为没有偶然〔第一部的附录中认为这世间没有美或丑〕。）

尼采说数学式在斯宾诺莎眼中除了作为一种美学的表达方法之外，没有存在价值。

见《伦理学》，第一部。命题十一给了四段论证以证明上帝的存在。命题十四和十五似是否定创造论的长篇批注。

那些认为斯宾诺莎是泛神论者的人，也许他们是对的？然而我们在里头还是可以找到一个公理（一个斯宾诺莎在整本《伦理学》中皆刻意回避的字）：空是不存在的（这在之前作品中的确已证明过了）。

　　我们可以把命题十七和二十四对立起来：一个在证明必然性，另一个可以用来重新导入偶然性。命题二十五确认了距离和形式之间的关系。最后，在命题三十一中，意志是有限的。上帝因其本质亦然。命题三十三将这个被五花大绑的世界又捆得更紧些。斯宾诺莎似乎认为连上帝也受制于他的本性——然而在命题三十二中，他又宣称（一反那些对至善的支持论调）把上帝置于命运底下是件荒谬的事。

　　这是一个已经一次决定了的，"就是这样"的世界——其中的必然性乃无穷——原创性和偶然则绝无立足之地。这世界的一切都很单调。

✎✍

　　奇怪。那些聪明的历史学家在研究某个国家的历史时，会倾全力去吹捧某种政治，譬如务实派，并主张该国最辉煌的时期，都要归功于这样的政治。但他们自己也会指出此一状态从来无以为继，因为之后的决策者或新政体破坏了一切。他们为某种禁不起人事改变的政治辩护亦不会较不松懈，即使政治本来就是为人事变迁而设计的。所以说这些人只能站在他们的时代来思考或写作。历史学家的另外一种选择：怀疑论或不受人事变迁影响的政治理论（？）

❧❧

相较于天才，这么拼命的努力就如蟋蟀那断断续续的飞行之于燕子的翱翔。

❧❧

"偶尔，在受够了这种听令于意志的日子，眼见着这件不许分心不许软弱，刻意忽略情绪和外界的工作逐渐完成，啊！那突如其来的是何等的懒散，我怀着的又是何等的解脱感，一头栽进这些日子以来一直陪伴着我的绝望之中。何其希望，何其渴求再也没什么需要建立的，并放弃这件作品，和我这张必然是受它捏塑而变得严苛的脸。我曾经也会爱，会后悔，会有欲望，总之我也曾经是个正常人……"

"……夏日荒漠般的天空，我如此热爱的大海，还有那些迎上来的唇。"

❧❧

性生活当初也许是为了让人远离正途而赋予的。是人的鸦片。性使一切沉睡。在性之外，每一样东西又都活起来了。同时，禁欲会让人类绝种，但也许这才是真理。

৽৶

　　一个作家在面对自己创作时，不该去谈他心中的疑惑。因为人们可以很轻易地对他说："有人强迫您要创作吗？如果是种挥之不去的焦虑，那为何要忍受？"疑惑，是我们最私密的一部分。永远别把自己的疑惑说出来——无论那是什么。

৽৶

　　《呼啸山庄》是最伟大的爱情小说之一，因为这些小说的结局都是失败和反抗——我指的是绝望地死去。小说的主角就是恶魔。这样的爱只能用最后的败亡来支撑。它只能在地狱里延续下去。

৽৶

## 10月

　　雨中的红色森林，遍野的黄色落叶，蕈类正在干燥的气味，柴火（化为灰烬的松果仿佛地狱之钻一般发出暗红色的光芒），风绕着屋子呜咽，上哪儿去找比这还典型的秋景？农人们如今走路身体都向前倾——顶着风雨。秋天的森林里，山毛榉就像一块块金黄色斑点，孤立在树林边缘上的，看起来就像从一片大蜂巢淌流出来的金色蜂蜜。

❧

10 月 23 日。开始。

《鼠疫》有其社会和形而上的意义。两者完全一模一样。《局外人》也有相同的二重性。

❧

有句话说：他毫不在乎仿佛那是只苍蝇似的——而且这种说法还不是很传神。但大家可以看看那些掉在纸上的——那种专门用来捕苍蝇的纸——那些苍蝇是怎么死的，我们就会明白发明这个配方的人一定曾经长久地凝视过这种恐怖却又微不足道的死亡过程——这种会发出一种几乎察觉不到的腐烂气味的缓慢死亡（发明这句老生常谈的原来是个天才）。

❧

想法：基于一种更深层的严格要求，他拒绝了人家给他的一切，所有来到面前的幸福。他错过了他的婚姻，陷入一些欲求不满的婚外情之中，等待，期望。"我不晓得怎么定义它，但我可以感觉得到它。"于是他就这样来到生命的尽头。

"不，我永远也无法定义它。"

৯৫

性不能带来什么。它并非不道德，但它也没有生产价值。我们什么都不想做的时候，倒是可以投身其中。但唯有禁欲能让一个人提升。

性有时也会取得胜利——当我们把它从那些道德义务中解放出来的时候。但这样的胜利很快就会瓦解——而唯一的胜利就该胜出了：此即禁欲。

৯৫

构思一篇对莫里哀《唐璜》的评论。[1]

৯৫

1942 年 11 月

秋天，这片景色里的叶子全盛开了——樱桃树成了大红，槭树是黄的，山毛榉是古铜色的。草原上覆满了这第二春之千朵焰火。

৯৫

---

1　我们在加缪留下的资料中并未找到任何相关的写作计划。——原编注

放弃青春。并不是我要放弃生命和万物（我无法这么做）而是万物和生命放弃了我。我的青春正在离我远去：生病的感觉就是这样。

∽∾

一位作家首先要学会的技巧，就是如何将他感受到的转换成他想要让人感受到的。前面几次的成功都是偶然。但接下来偶然一定要被才情所取代。所以说天才的崛起有一部分须归功于运气。

∽∾

他老爱说："这就是我们那里俗话说的……"[1]然后加上一句不晓得哪里冒出来的陈腔滥调。譬如：这就是我们那里俗话说的"梦幻天气"（或"光彩的生涯"、"模范女青年"、"仙境般的光线"）。

∽∾

11 月 11 日。跟那些老鼠没两样！[2]

∽∾

---

1　《鼠疫》中格朗的口头禅。——原编注
2　盟军在北非的登陆造成加缪与故乡的亲人失去联系。——原编注

晨间，寒霜覆盖了一切。天空在一场纯白狂欢节的布条和花圈背后闪闪发光。十点钟，当太阳开始发威之际，整个乡间响起了那种霜天解冻时的晶莹音乐：细碎的哗哗剥剥犹如树在叹息，掉落地面的霜听起来就像一群前仆后继的白色昆虫，冰的重量压得那些晚秋叶子萧萧直下，着地后又像一把没有重量的枯骨，几乎不会弹起。环绕四周的那些山头和丘陵全都消失在烟雾中。如果我们盯着它看久一些，会发现这片景物，在失去所有颜色的同时，一下子变老了。这是一个非常古老的国度，只用了一个早上的时间跨越几千年来到我们眼前……这片长满树木和羊齿植物的尖坡，宛如立在两河汇流处的一个船舷。初露的阳光让它褪下了霜白，于是在这片白如永恒的地景中，它成了唯一的活物。此处至少有两条湍流联合起来，为抗拒那团团将它们围住的无边寂寞而发出的模糊声响。但渐渐地，二水的歌声自己也融入了风景之中。就算声调丝毫不减，歌声也似从此沉寂一般。甚至还需要三只愈飞愈远的烟色寒鸦经过，才能再度在天空里留下一丝生机。

我高坐船头，继续着这趟在漠然国度里一动不动的航行。至少需要整个大自然和这种冬日为太热情的心所带来的白色和平——才能安抚这颗为苦恋所吞噬之心。我望着天空中那片越来越膨胀、否认了一切死亡预兆的光。未来的象征，终于出现在我这如今只知追忆过往之人的顶上。闭嘴吧，肺！大口大口

51

地吞下这苍白而凛冽、可以滋养你的空气。别再吵了。愿我无须再被迫听着你那缓慢的腐朽——愿我终于能够朝向……

～～

圣艾蒂安。

我知道对一个必须工作的穷人来说，星期天意味着什么。我尤其知道什么是星期天的晚上，而如果我可以让我所知道的产生意义和形象的话，我就能让穷人的星期天变成一部充满人性的作品。

～～

我不该这么写：如果这个世界是清楚的，艺术就不会存在了——但如果我觉得这个世界是有意义的，我也不用写了。在某些状况下自我就该勇于表现，基于谦虚之故。还有就是我并未强迫自己对这样的句子做更深入的思考，否则也不会这么写了。这是个很吸引人的真理，却没有根据。

～～

放纵的性会导致一种认为世界无意义的哲学。相反地，禁欲却能给它（世界）一个意义。

❦

克尔凯郭尔。婚姻的美学价值。决定性的观点但太啰唆。

伦理和美学在人格形塑中所扮演的角色：更为牢固和动人。对普遍性的颂扬。

对克尔凯郭尔来说，美学精神所追求的是原创性——而事实上就是和普遍性结合。克尔凯郭尔不是神秘主义者。他反对神秘主义是因为它自外于人间——就是因为它不在普遍性之中。若说克尔凯郭尔作品中有一种跃进，那应该是跟智力有关。是纯粹的跃进。在伦理阶段上的。但宗教阶段令一切走了样。

❦

生命在哪个时候会变成命运？在死亡之际？但这是一种属于他人，属于历史和家属的命运。通过意识吗？但这是心智对生命一厢情愿的见解，它竟能在毫无关联事物中看到相关性。在这两种情况下，命运都是一种幻觉。结论（？）：没有命运这回事？

❦

40 年代文学对欧律狄刻[1]的滥用。因为从没见过那么多被拆散的情侣。

～～

卡夫卡[2]高明之处在于让读者不得不一读再读。他的结局——或说无结局——暗示着好几种解释，却又模模糊糊，读者为了让那些解释站得住脚，只好从另外一个角度再读一遍。有时候，甚至会出现双重或三重可能的诠释，那就得重读两次或三次了。其实不必巨细靡遗地去解释卡夫卡书中的每一个情节。象征一定是普遍性的，而艺术家的文字只是一个粗略的翻译。不可能逐字照翻。只能求其传神。其余的就要看那对任何创作者来说都很重要的运气多寡了。

～～

冬天删去了所有的颜色，天地间一片空白，连最细微的声响也被雪消了音，严寒遮去每一种味道，在这样的地方，第一阵春草的气息应该就像是个喜悦的呼唤，唤醒感官的嘹亮小号声。

---

1 见《鼠疫》第二章中关于市立歌剧院演出《俄耳甫斯与欧律狄刻》一剧的描述。——原编注
2 见 1943 年发表于文学期刊《弩》(*L'Arbalète*) 的相关文章，该文后来又收入《西西弗斯神话》的附录中。——原编注

❦

疾病是一座修道院，它有它的规矩、苦修项目、缄默和感应。

❦

阿尔及利亚的夜里，狗吠的回音在比欧洲大十倍的空间中回荡。于是此地的狗吠也染上了一层不为这些狭窄国度所识的乡愁。它们是一种此刻只有我听得见的语言，在我的回忆里。

❦

对荒谬的阐述：

（1）如果一致性是人最深刻的需求；

（2）如果这个世界（或上帝）不能满足这样的需求。

那么我们就必须借由出世或入世的方式，找出自己的一致性。于是就形成了种种道德律和苦修法。待详加说明。

❦

一个人在追求他的爱好时，同时也在体验他的痛苦——这就是爱好的砝码、订正本、平衡物和代价。一个人如果学会——而不是纸上谈兵而已——孤独地去面对自己最深的痛苦，克服那想要逃避的欲望以及有人能与他"共苦"的幻觉，那他还需要学习的就所剩无几了。

❧

假设有个思想家，出了几本书之后，在一本新书中宣称："原来我一直在走错路。我打算重新开始。我现在认为我之前说的都是不对的"，再也没有人会把他的话当真。尽管他的所作所为已证明了他能够胜任思考这件事情。

❧

爱情之外的女人，是很无聊的。她自己不知道。你必须和其中一个定下来然后闭上嘴巴。或者跟每个女人上床搞。最重要的事情在别处。

❧

帕斯卡尔：错误是排斥造成的。

❧

《麦克白》中的等价逻辑："美好就是丑恶，丑恶就是美好"，但这话是恶魔说的。"什么都不存在，除了那些不存在的"。此外，第二幕，第三场："从此刻起死亡再也不是什么严重的事情"。"夜虽漫长但不会见不到天亮"，加尼耶译为："没

有如此漫长而见不到天亮的夜晚"（？ ）

是的[1]——"这是一个傻瓜说的故事，充满了声音与愤怒，却毫无意义"。

❧

诸神赋予人类各种伟大而显著的优点，致使他有能力征服一切。但他们同时也给了人类一个比较乖戾的德行，造成他亦藐视一切可以被征服的东西。

……一直享乐是不可能的，人最后一定会感到厌倦——很好。但为什么？事实上我们不能一直享乐是因为我们无法享有一切。对我们来说，去思量那些再怎么努力也无法获得的享受有多少，和去计较自己已经享受过哪些，两者同样令人厌倦。如果我们可以真正、实际地拥抱一切，还会感到厌倦吗？

❧

想问的问题：您爱理念吗——热情地，用鲜血？这样的想法会让您晚上睡不着觉吗？您觉得您正在为它冒着生命的危险吗？这些会让多少思想家裹足不前！

❧

---

1　此处手稿字迹难辨，有可能是一个大写的 M 或 oui（是 ）。——原编注

在剧本出版时：《卡利古拉》：悲剧——《放逐者》
（*L'Exilé*）（或《布杰约维采》）：喜剧。

๑๛

## 12月15日

接受考验，从中寻求一致性。如果对方不回应，那就死在
分歧里。

๑๛

尼采根据司汤达说，美是快乐的保证。但如果它自己都不
等于快乐了，又能保证什么？

๑๛

……那是当一切都被雪覆盖时，我才发现门和窗户都是蓝
色的。

๑๛

罪行如果真的会让一个人完全丧失活下去的权利（本书第
23页）……此即何以该隐的罪（而非亚当那种相较于该隐只能
算是轻微的罪）已耗光了我们活下去的力量和对生命之爱。我
们在某种程度上有着与该隐相同的天性，并承受了和他一样的

刑罚，我们亦苦于这种无法解释的空虚感，以及这种郁郁寡欢、在太强烈的情绪释放和令人筋疲力尽的行动之后紧接着出现的适应不良。该隐的那一下，让我们真实人生中的所有可能性流失殆尽。地狱就是这样。但大家都看到了它就在地球上。

❧

《克莱弗王妃》[1]。没那么简单。它是由好几个故事组成的。起初的错综复杂到最后却能统一起来。和《阿道尔夫》相比，简直是一部复杂的连载小说。

本书真正单纯之处在于它对爱情的看法：对拉法耶特夫人来说，爱情很危险。这是她的信条。而我们在她每一部作品中譬如《蒙邦斯王妃》(*La princesse de Montpensier*)或《唐德女伯爵》(*La Comtesse de Tende*)所感受到的，就是一种对爱情不断的质疑（这显然是一种与漠然完全相反的态度）。

"当时他只等着受死，但特赦令却下来了；不过他内心的恐惧已如此之甚，整个人变得茫然无知，几天之后还是死了。"（拉法耶特夫人笔下所有死去的人物皆死于情感。由此可见她对这件事怀有多么大的恐惧。）

---

1　见《智者和死刑》(*L'Intelligence et l'Echafaud*)，原刊于《汇集》(*Confluences*)杂志，后收入七星文库的加缪全集（第 1887 页）。——原编注

"我对他说只要他的悲伤不是没完没了，我便无话可说，也愿意奉陪，但如果他在绝望中自暴自弃，变得完全不可理喻，那我就不会再同情他了。"漂亮。这就是历史上那些伟大时代的有所节制。充满阳刚之气。但并非意味着心如枯井。因为说这话的是克莱弗王子，他最后正是死于万念俱灰。

"德·济兹骑士……下定决心永远不再想着能为克莱弗夫人所爱。然而要放弃这个曾经令他感到如此艰困却又光荣的行动，他需要另外一个可以吸引他的远大目标。他开始想去攻取罗得岛。"

"克莱弗夫人为肖像一事所做的解释，让他又有了活力，因为这些话让他确定她不恨的其实是他。"他差点就要说出那个字来了。

❧❧

贫穷这种状态的特性是慷慨。

❧❧

贫困的童年。我后来在我姨丈家时[1]的基本不同：我家的

---

1　加缪的姨丈阿寇特（Gustave Acault），在阿尔及尔经营肉铺有成，加缪少年时曾先后在他家寄住过两年。加缪曾在一篇纪念纪德的文章中提到他是通过姨父，第一次接触到纪德的作品。——译注

东西没有名称，我们只说：那些凹盘子，那个壁炉上的罐子等等。在他家则成了：佛日山的釉面陶器，坎佩尔的餐具等等——我才意识到有选择这回事。

❧

强烈的生理需求容易满足。但既有柔情也有欲求，那就需要时间了。在燃起欲火之前，我们必须穿过整个爱的国度。是否因为如此，我们才会对所爱的人一开始总是很难有欲望呢？

❧

论反抗[1]。对"开始"的乡愁。同前：关于相对——然而却是热情洋溢的相对。例如：荒谬精神挣扎于一个不足的世界和一个非它所有的神之间，以热情选择了世界。同前：在相对和绝对之间拉锯的它，热切地跃入了相对。

❧

现在他既知道这事的代价，他便一无所有了。拥有的条件是无知。即使在有形的层面也一样：我们确实拥有的，只有未知数。

---

1　见《反抗备考》，收入 1945 年让·格勒尼埃所编的论文合集《存在》中，这篇文章也是《反抗者》第一章的雏形。——原编注

᪄

《布杰约维采》（或《放逐者》）

一

　　母亲——不，不要今晚。让他好好休息一下吧。让我们也有个转圜的余地。也许就是这样的余地让我们可以得救。

　　女儿——你说的得救是什么意思？

　　母亲——得到永恒的宽恕。

　　妹妹——那我已经得救了。因为无论来日还有多长，我已经提前宽恕了我自己。

二

　　同前。见前文（本书第 35 页）。

　　妹妹——用什么样的名义？

　　妻子——用我的爱。

　　妹妹——这个字是什么意思？

　　（段落）

　　妻子——爱，就是我过去的喜悦和今日的苦痛。

　　妹妹——您说的果然是一种我完全不了解的语言。爱、喜悦和苦痛，全是些我从没听说过的字眼。

## 三

——啊！他在死之前说，这个世界果然不适合我，而这个家也不是我的家。

妹妹——这个世界是造出来让我们死在里面的，至于家，是用来睡觉的。

## 四

第二幕。他对着旅馆房间沉思。按铃。静默。脚步声。那个哑老头走了出来。静静地站在门前，一动也不动。

——没事，他说，没事。我只是想知道有没有人会答应，看看这个铃有没有坏。

老头待了一会儿，又走了。脚步声。

## 五

妹妹——祈祷上帝让您变得像颗石头吧。这才是真正的快乐，连他自己也宁愿如此。

他是个聋子，我跟您说，而且哑得像块花岗岩。您就学他，除了地上淌的水和顶上晒的太阳，对这世间一概无知。趁还来得及之前加入石头的行列吧（可再发挥）。

❧

荒谬的世界只能接纳一种美学论证。

❧

尼采——从未断定什么，除了在一句"尽管如此"之后。

❧

布朗肖[1]的形而上小说

《黑暗托马》。托马身上那种让安娜为之着迷的，是蕴藏在他里面的死亡。她的爱因此是形而上的。于是她才能在临死前摆脱了对他的迷恋。那一刻她终于明白我们的爱来自于无知。所以说，死亡是我们唯一的知识。但这样的知识其实也无益：它再也不会有什么进步。

托马发现了自己里面那预兆其未来的死亡。整本书的关键就在第十四章。这时如果再重读一遍，一切就会明朗起来——不过是那种笼罩在冥府的阿福花之上的昏暗光线（农庄附近，有一株由两棵树交抱而成的奇木，其中一棵枯槁已久，树根都烂掉甚至悬空了，但仍紧贴着第一棵不放。这两棵树是托马极佳的写照。但那仍活着的树干并不甘受到钳制，它增厚了环抱

---

1　布朗肖（Maurice Blanchot, 1907—2003）：法国哲学家、小说家，他的著作和思想对二战后的法国思潮有极深刻的影响。——译注

着对方的树皮——它四面包抄并从空而降地掷出它的枝叶——它不会任其摆布）。

《亚米拿达》这本，若不看外表，其实又更晦暗了。这是一种新型态的俄耳甫斯与欧律狄刻之神话（值得一记的是二书中主角似乎有所体会同时也传给了读者的那种疲惫感，其实正是一种艺术感）。

❧

《鼠疫》。第二个版本。

《圣经》：《申命记》28：21；32：24。《利未记》26：25。

《阿摩司书》4：10。《出埃及记》9：4；9：15；12：29。《耶利米书》24：10；14：12；6：19；21：7和9。《以西结书》5：12；6：12；7：15。

"每个人都在找他的荒漠，而一旦找到了，又会觉得它太难。我不会说我不晓得如何承受自己的荒漠。"

❧

本来[1]，前面三个部分，由日记——笔记——布道词——

---

1　手稿中在"本来"后有"见笔记"的注记——这里接的段落是在为《鼠疫》所做的笔记里找到的。——原编注

条约所组成，再加上第三人称的叙述法，应能暗示、挑动并开启这本书的深度。最后一部分则完全由事件构成，目的在于通过，而且是仅通过这些事件，传达出共通的义涵。

每一部分中的人物关系亦应更紧凑一些——并借由那几篇逐渐合而为一的日记，让人更能感受到那样的含义，并在第四部分的场景中使其更臻完美。

෩

第二个版本

《鼠疫》奇谈和描述——小片段的文献记录以及针对鼠疫的论述。

史蒂芬——第二章：他诅咒这个让他无法享有其余一切的爱。

全部都用间接的方式（——讲道——报纸等等）来呈现，并借着一幅幅无高潮起伏的鼠疫场景来展开？

非用见闻录、纪事的体裁不可。但这会带来多少问题。

也许：整个重写史蒂芬，把爱情的主题拿掉。史蒂芬这个人物还很平板。接下来应该会更立体些。

不能和爱人在一起的主题要一直持续到最后。

让谁来写一篇关于O城鼠疫的全面报道？

那些发现自己身上有一只虱子的人。

用一章来写贫民窟。

关于讲道："你们有没有发现，弟兄们，耶利米书有多么单调吗？"

增加的角色：一个与爱人分居者，被放逐者，想尽办法要离开城里，却徒劳无功。他的做法是：用自己"不是本地人"的理由去申请通行证。如果他会死，就要强调最令他痛苦的是无法与对方团聚，而且自己还有那么多事情未完成。这就触及了鼠疫的本质。

注意：哮喘病患不需要看那么多次医生。

介绍奥兰的氛围。

不要"装模作样"，自然就好。

平民英雄作风。

展开社会批评和反抗思想。他们缺乏的是想象。他们犹如坐下来野餐似地安身在这样一个大时代里。他们无法用鼠疫的规模来思考。而他们想出来的办法，几乎连一场伤风感冒都对付不了。他们全都会死（待发展）。

用一章的篇幅来讲黑死病。"他们再一次发现人生病时从来不会只有身体上的痛苦，精神上的折磨（家庭——无法满足的爱）永远跟着一起来，让病痛更加地深剧。他们于是了解到——和时下的见解刚好相反——如果说生而为人所能获得的最残酷特权之一是孤独地死去，那么这样的景象并不会较不残酷或较不真实，亦即对人来说绝无可能的正是让他一个人好好地死。"

鼠疫给我们的教训：它对任何事和任何人都没有帮助。只有那些自己或亲友碰上死掉的，可以得到启示。但是用这种方法得到的真理，只跟他们自己有关。这样的真理没有未来。

各种事件和传闻必须是那种能够传达鼠疫的社会意义者。人物则应有更深刻的义涵。但这些都是概括性的。

社会批评。作为一抽象实体的行政体系和所有力量中最具体者之鼠疫碰在一起，只会导致既可笑又令人发指的结果。

那个和爱人两地相隔的逃走了，因为他不能一直等到她年华已逝。

用一章来写那些被困在隔离营里的亲人。

第一部分的结尾。染患鼠疫的病例已经快跟死老鼠一样多了。扩散。扩散。

一场不寻常的鼠疫？

作为序幕的第一部分，一切都应该要进行得很快——即使日记里的也是。

一个可能的主题：医学和宗教之间的斗争：相对（而且是何等的相对！）与绝对的角力。最后是相对胜出，更确切的说法是它没输。

"当然，我们知道鼠疫也有做好事的时候，它打开我们的眼睛，逼我们去思考。从这点来看，它就和世界上一切的恶，以及这个世界本身并没什么不同。于是世界上一切恶和这个世界本身的真相，也会出现在鼠疫之中。一些个人会因此获益，但看看我们手足同胞们所受的苦难，大概只有疯子、罪犯和懦夫才会在黑死病面前俯首称臣吧，面对这样的鼠疫，一个人该奉行的唯一口令是反抗。"

大家都在寻找和平。指出这一点。

？反过来看科塔尔：先写他的行径，最后再揭发他很害怕被捕。

报纸上除了疫情，再也没有什么好报的。人们于是说：报纸上都没有内容。

有人从城外请了医生来。

我觉得最能道出这个时期特色的是：隔离。所有人都和自身之外的世界隔绝了，包括他们所爱的人和他们的习惯。处在这样的退隐状态之中，他们，那些有能力这么做的人，于是不得不开始思考，其余的就只能过着困兽般的生活。总之，没有中间值。

最后，那个被放逐的人也得了鼠疫，他跑到高处大声呼喊他的妻子，呼唤声漫过城墙，乡间，三座村落和一条河。

？用一篇叙述者的前言来探讨证词的客观性。

鼠疫要结束时，每个居民看起来都像离境移民。

加入"传染病"的细节。

塔鲁是个明白一切的人——也因此而受苦。他不能做出任何判断。

　　鼠疫患者的理想是什么？——有人可能会觉得我很好笑：是诚实。

　　删掉："一开始"、"事实上"、"实际上"、"最前面几天"、"差不多是同一个时候"等词。

　　？在整本书中通过侦探的手法指出里厄就是叙述者。一开始：香烟的味道。

　　既讨厌人群又需要温暖。调解之道：电影院——大家在里面可以互相靠紧却又毋须认识彼此。

　　黑暗城市中的亮点，而涌向他们的幢幢人影，宛如一大群为向光性所苦的草履虫。

　　关于被放逐者：傍晚，在那些为了省电而将开灯时间尽量往后延的咖啡馆里，污水似的暮色流得整个大厅到处都是，窗玻璃上微弱地映照着夕阳的余晖，发出黯淡光芒的大理石桌面和椅背：这也是他放弃的时刻。

　　关于第二部分中，那些分居者："他们惊觉有很多事情，在他们看来很重要，对他人而言却无足轻重。于是他们终于知道了什么叫个人生活。""他们很清楚必须做个了结——或至少应该有那个求了结的心——于是他们就那样想，但已不似初时那般热切——而只是在理智上很清楚他们为什么想这么做。一开始的强烈冲动到现在只剩下灰心丧气，让他们连自己何以至此的缘由都忘了。他们的样子看似不幸伤悲，但其实已经感受不到任何的痛楚。其实，这才是真正的不幸。之前，他们顶多觉得自己没有希望。所以有很多人不忠。他们因爱而受苦，结果只是让他们变得很渴望、很需要爱，再加上渐渐地对思慕对象不再那么依恋，他们开始觉得自己不再那么坚定，终致走向第一个朝他们招手的温柔乡。他们就这样因为爱而不忠。""隔着距离来看，他们开始觉得自己的人生是一体的。于是他们又有了新的力量来投入其中。鼠疫恢复了他们的一致性。所以说这些人过去并不晓得活出他们的一致性，无论他们是怎么个一致性——或说他们只有在失去时，才知道要把握。"——"偶尔，他们会有那种想找一天把某个东西拿给某个已经不在的朋友看看的想法，这时他们就会发现自己其实还处于第一个阶段。还有点希望。等到有天他们只能从鼠疫的角度来想事情时，那便是第二阶段的开始了。"——"然而，偶尔在大半夜时，他们的伤口会重新裂开。他们惊醒过来，用手指触碰着那红肿的伤口边缘，刚受伤时的疼痛又袭了上来，一起涌现的还有他们那一脸惊惶失措的爱。"

我想要透过鼠疫来表达那种我们每个人都为之所苦的窒息感，以及大家都曾经感受过的威胁和流亡的气氛。同时我还想将此一诠释扩大到普遍性的存在观念上。鼠疫描写的是这场战争中的众生相，有人会去思考，有人保持沉默——还有人在精神上深受其害。

❧

　　这里的人不晓得什么是口渴，还有那种在太阳下和尘埃中奔跑过后会攻占你整个存在的干涸。这时你吞下的柠檬汽水：完全感受不到液体的通过，只有气泡形成的好几千根滚烫的细针。

❧

　　不适合一心多用。

❧

## 1月15日

　　疾病是一副十字架，但也许也是一道防护栏。不过最理想的是只从它那儿获取力量并拒绝它的软弱。让生病所引起的退缩，在需要的时候可以让我们更强壮。如果必须付出的代价是痛苦和舍弃，那我们就付吧。

❧

　　因为天空是蓝的，覆满雪的树木伸着它们的枝丫，在河边，非常靠近结冰的水面，看起来好像盛开的杏花。眼睛在这样的地方，永远搞不清楚是冬还是春。

我和这片土地之间产生了一种私通关系，所以我既有理由喜欢它，也有理由厌恶它。相反，对阿尔及利亚则是毫无保留的热情，自由自在地享受着爱的欢愉。问题：我们可以像爱一个女人那样去爱一个地方吗？

❧

《鼠疫》，第二个版本。分居者。

分居者发现当自己尚处于第一阶段时，其实一直都还在期待着什么：收到信，或鼠疫停止流行，或那不在身边的人能偷偷溜进城里。唯有到了第二阶段，他们才不再期盼。但幸好他们也已变得麻木不仁（或说人生有了新的动机和兴趣）。他们必须在等死或背叛中选一样。

同上：有些时候他们不再害怕染上鼠疫，一心只求长眠不醒。科塔尔说：坐牢应该不错。市民说：也许是鼠疫让人摆脱了一切。

❧

克尔凯郭尔的《清心志于一事》（*La Pureté du coeur*）——真是啰哩叭唆。看来天才果然是慢吞吞！

"那可耻又胆怯的自私行径之激狂，以及那种骄傲偏执的心灵之鲁莽，两者以同样的无能，来到绝望里交会。"

"污鬼离了人身，就在无水之地过来过去，寻求安歇之处，却寻不着。"（《马太福音》，12：43）

他将行动者和受苦者做出区隔。

同上，卡夫卡认为："对尘世的希望应予以致命的打击，唯有如此人才能从真正的希望中让自己得救。"

对 K. 而言，《清心》指的就是一致性。但其实就是一致性和善。自外于上帝的话，谁也没有办法达到清心的境地。结论：自甘于污秽？我非但离善很远而且我还渴望着一致性。这根本没得救了。

❧

探讨反抗的随笔。先让哲学从苦恼出发之后，再让它从快乐出来。

同上。让爱在一个荒谬的世界里再生，生出来的其实是人类情感中最灼热、最易朽的一种（柏拉图："如果我们是神，就不会识得爱"）。然而无论是持续（在这个地上）或不持续的爱，都没有值得参考的相关评断。忠诚的爱——如果它未曾稍减——对人来说是为了能够尽量维持自己最好的那部分。忠诚的德性也因而获得新的评价。不过爱和永恒无关。这是最人性的情感，爱这个字同时也意味着限制和狂热。这就是为什么人唯有透过爱才能实现自我，因为他在里面蓦然发现自己那没有未来的人生形象（而并非如有些理想派所主张的爱可以让人更趋近某种形式的永恒）。例案；希斯克里夫[1]。从这个人物身上我们可以看到把持续和不持续的爱对立起来，其实是件很荒谬的事。显然持续的方式只有一种，那就是永远不能中断，除此之外其他的都不算。我们活在一个不持续的世界里。一切不持续者——而且唯有这些不会持续的——皆归我们所有。厮以我们现在的任务是从永恒那边，或至少是从那些将它乔装成永恒模样的人士手中，把爱抢回来。我已经可以预见会受到什么样的反驳：那是因为您不曾爱过。这个就免了。

❧

《鼠疫》，第二个版本。

那些分居者已经失去了判断能力。即使他们之中那些最聪明的，也开始想在报纸上，或电台节目里找出相信这场鼠疫就快结束的理由，他们会去想象一些无凭无据的希望，或莫名其妙地感到恐惧，只因读到一篇某记者因无聊而呵欠连连中信笔拈来的评论文章。

❧

---

1　希斯克里夫为《呼啸山庄》的男主角，他因无法得到爱人而采取激烈的报复行动，但即使复仇得逞仍无法餍足，希望能把爱人的棺木打开和她的灵魂长相厮守，最后自囚绝食，苦恋而死。——译注

　　这个世界之所以变得清晰而且可以忍受，是因为我们习惯自己和它的互动模式——尤其是那种让我们和他人得以联结的。人际关系总是可以帮助我们往前走，因为这些关系通常预设着进展，有未来——所以我们全都活得好像唯一的任务就是和别人建立关系。待有天我们意识到原来人生可以做的事情不只如此而已，尤其是当我们了解到原来我们和这些人的关系都是靠我们的意愿在维持——试试看不写信也不吭声，将自己孤立，您就会发现它们如何在您四周一一消融——而且大部分的关系都是背对着我们的（但非出于恶意，而是漠然），至于剩下的那些也总是一副注意力随时会被吸引走的样子，当我们于是开始去想象在我们所谓的爱情或友谊中，有多少偶然和情境使然的成分时，世界又会重返它的黑暗期，而我们则再度陷入这人间温情曾一度将我们从中救出来的严寒里。

❧❧

## 2月10日

　　四个月禁欲而孤独的生活。意志、精神从中获益了。但心呢？

❧❧

　　整个荒谬的问题，应该可以浓缩成一种对价值判断和事实判断的批评。

❧

《创世记》里的奇怪经文（3∶22）："耶和华神说：'那人（在犯了罪之后）已经与我们相似，能知道善恶，现在恐怕他伸手又摘生命树的果子吃，就永远活着。'"

将人赶出伊甸园的那柄"四面转动发火焰的剑，要把守生命树的道路"。这是宙斯和普罗米修斯故事的重演。人有了和神平起平坐的能力，神害怕了，便令他不得脱离奴役状态。同上。关于神的职责。

❧

我在思考活动或创作时必需的纪律中所碰到的困扰，就是想象。我有一种过度、毫无节制，有点畸形的想象力。它在我生命中所扮演的角色有多重要实在难以估计。然而我一直等到30岁，才发现这项个人特质。

有时候在火车上，在巴士里，时间过得很慢，但我忍住不让自己迷失在那些堆栈想象的游戏里，觉得这毫无用处。然而不断地重新振作，将思维导向我欲令其从中获得滋养之处的结果是终于我也累了，在某个临界点上，我再也不管了，更确切的说法是我不想忍了：时间于是有如电掣，我甚至在明白过来之前就已经抵达目的地。

�✧

也许是对石头的偏爱让我如此地受到雕刻的吸引。雕刻让人类的形状重新有了重量和漠然。没有这两样，我看不出它有何伟大之处。

✧✧✧

随笔：用一章来讲"套套逻辑的生产力"。

✧✧✧

但凡稍微娴熟智力体操的智者，一如帕斯卡尔，都晓得只要排斥其中一项就会造成所有的错误。推绎到最后，我们就可以很确定地说，任何理论皆有其为真的部分，而且人类史上所有的伟大探索，无论看起来彼此有多么矛盾，无论它们是苏格拉底和恩培多克勒，或帕斯卡尔和萨德，原则上没有一个是无价值的。但情势会逼人做出选择。这就是为什么尼采觉得自己必须用那么强烈的言论来攻击苏格拉底和基督教。但这也是为什么，今天我们必须反过来为苏格拉底讲话，或至少为他代表的那些价值辩护，因为我们这个时代威胁着要用某些价值观来取而代之，这些价值观否认一切的文化，而尼采将有可能取得一种他必然不愿意见到的胜利。

　　这种说法似乎有在思想的发展过程中注入投机色彩的嫌疑。但这只是似乎而已。因为包括尼采在内，我们大家都知道问题还存在着另外一面，而这不过是一种防卫机制的表现而已。到头来，尼采的探索加上我们的，如同帕斯卡尔的加上达尔文的，卡利克勒斯的加上柏拉图的，就是人类整个历史的重现，也让我们找到了归乡的路。（但这整个说法还须有一打左右的附带条件方能为真）总之，见尼采（《哲学的源起》[1]）："苏格拉底，我必须承认这点，他离我如此之近，以至于我对他的反驳几乎从未停过。"

✍

　　《鼠疫》，第二个版本。分居者搞不太清楚星期几是星期几。不知道星期天是一定的。还有星期六下午。还有那几个他们从前会用来进行某些仪式的日子。

　　同前。用一章来讲恐惧："那些入夜后就被提去的人"……

　　在讲隔离营的那一章里面：幸存的族亲原已和尸体区隔开来了——但现在又基于卫生的理由必须把孩子跟父母，男人与

---

1　指法国日耳曼学家比昂基（Geneviève Bianquis, 1886—1972）的著作《尼采》（*Nietzsche*, p. 208）中的章节。——译注

女人分开来。执行之彻底，让分离反而成为一种常态。所有的人都注定要孤独了。

借此让分离成为本书的重要主题。"他们对这场鼠疫一无所求。他们很有耐性地在内心建立起一个无法理解的世界，一个属于他们、非常人性化的宇宙，日子就在温情和习惯中度过。但现在看来光是与这个世界本身分开来还不够，鼠疫还要拆散他们和他们在日常生活中创造出来的那个微不足道的世界。在弄瞎了他们的精神之后，还要挖出他们的心。"事实上：这部小说里只有孤单的人。

❧❧

《鼠疫》，第二个版本。

有人想要平安，于是他走向他人，希望他们能够让他心安。但这些人能给的，就只有疯狂和混乱。这人于是不得不转往他处寻求，但苍天亦无语。此时，而且唯有此时，他才能再回到人中间，因为就算没有平安，他们至少可以为你带来睡眠。

❧❧

《鼠疫》，第二个版本。

幸好还有这些凌驾鼠疫之上的屋顶平台。

他们全都有理，里厄说。

塔鲁（或里厄）决定原谅鼠疫。

❦

论反抗的随笔。荒谬世界刚开始不能用严谨的分析。而是通过联想和想象。

所以说这世界是一般性思维的产物。亦即来自于精确的想象。是将某种现代原则应用到生活管理和审美观上的结果。而不是一种分析。

一旦粗略地勾画出这样的世界轮廓，打下第一块地基（其实也只有一块）之后，哲学论述就可以开始了——如果我们没有搞错的话，更准确的说法其实应该是——就必须开始了。不可或缺的分析精神和严谨态度又再度出现。细节和文字措述成了最重要的。从"除了……之外什么都不值得加以注意"可以导出"一切都值得注意除了……之外"———篇精确又严谨、关于反抗的研究就是这样写成的——最后不要下结论。

（1）反抗运动和外在的反抗；

（2）反抗状态；

（3）以至于的反抗：正义——觉得自己已经忍耐过头了——觉得对方超越了他的权限（譬如说他的父亲）"一直到这里还可以，但接下去就不行了"——继续分析。

见《哲学源起》注并在随笔中谈《怨怒者》[1]。

❧

关于反抗的随笔：荒谬精神的出路之一是贫穷和匮乏。唯一不让自己被荒谬"附身"的方法是不要从中谋取利益。不要没有守贞的性繁衍，等等。

同上。导入摇摆不定的主题。

同上。凝视一旦只是在享受而没有立场的话，也会成为一种荒谬的目的。

❧

想象有一位思想家说："没错，我知道这是真的。但后果终究让我太反感而打退堂鼓。真理令人无法接受，即使是对它的发现者而言。"所以我们可以说这正是荒谬的思想家永远摆脱不掉的苦恼。

❧

这奇特的风，只在树林的边缘奔走。人古怪的理想：就在

---

1　《怨怒者》（*Homme du ressentiment*）为德国哲学家谢勒（Max Scheler, 1874—1928）著作的法译本书名，原书名为《价值的颠覆》（*Vom Umsturz der Werte*），发表于 1919 年。——译注

大自然里，给自己盖一栋公寓。

∽

应该下定决心在思考的时候将自明性哲学和偏好性哲学做出必要的区分。换句话说，我们最后可能得出一种让人的心智和情感皆同感厌恶，但却又不得不接受的哲学。所以说荒谬论是我的自明性哲学。但这并不妨碍我拥有（更确切地说是认识到）某种偏好哲学：譬如：在精神和俗世之间取得适当的平衡、和谐、充分发展，等等……快乐的思想家是那些能够顺着自己倾向的人——被放逐的思想家则是那些不愿这么做的人——为了真理——虽心有懊悔但意志坚决……

我们可以把这种思想家及其体系的分裂一直推演下去吗？这样到头来会不会又回到一种间接的现实主义：人之外的真理——有约束力的。大概是吧，然而那一定是种无法令人满意的现实主义。原则上不是个解决办法。

∽

有待"实际"解决的大问题：我们可以既快乐又孤独吗？

∽

没意思集[1]。但首先什么是没意思呢？字源学在此处会令人产生混淆。没意思不等于无意义。所以这个世界，应该说它是没意思。无意义和没有意思并非同义词。一个没意思的人可以是完全合乎理性的。没意思也不等于无聊，因为那种伟大、重大而没意思的行动和计划也是有的。这点倒是可以让我们的讨论得到进展。因为对那些正经八百地的行动者而言，这些行动一点也不会没有意思。所以必须加上但书说明这些行动对……来说没意思，或某某人对……来说没意思，或某思想在……的条件下没意思。换句话说，就像所有的事情一样，没意思亦具有相对性。但这并不意味着没意思就是种模糊而不完全的东西。它和某种不是没意思的东西是并存的——某种有意义——有一定的重要性，某种"会影响到"，值得注意，值得我们停下来细究，想办法解决，花时间在上面，某种合理地站得住脚的，某种惊世骇俗的，教人不得不注意的，显而易见的……等等。这是个尚未被好好地界定的东西。唯有当我们能够多元地去定义此一含义之度量衡时，没意思的意思才可能完整而清楚。换句话说，没意思就像所有的事物一样，可以和某种更大的东西进行比较，然后从一个较普遍的含义里取得它仅

---

1　参见《论无价值》(*De l' insignifiance*)，《四季笔记》(*Cahier des saisons*, 1959)，该文即以此段笔记的嘲讽口吻为本。——原编注

有的少许意义。这一句颇值得我们深思。在某种程度上，我们可以说——如履薄冰地并以非常细腻的手法——一个没意思的东西不见得就是一个没有意义的东西，而是一种本身并未具备普遍含义的东西。换句话说，按照正常的道德标准，如果我结婚，我就是完成了一个在物种方面、社会方面、宗教方面甚至在形而上学方面都具有普遍含义的行动。结论：婚姻不是一个没意思的行动，至少对那些普遍被接受的价值观而言。因为如果把婚姻在物种、社会和宗教上的含义通通拿掉，譬如对那些毫不在乎这些考虑的人来说，婚姻就真的是一个没意思的行动了。总之，在这个例子里，我们可以说没意思之所以成立在于它没有含义。

再举一个相反的例子，假设要开门的时候，我把门把往右而不往左转，我不能赋予这个动作任何普遍地被接受的含义。社会、宗教、物种甚至连上帝，谁管我要把门把往右还是往左转？结论：我的行动是没意思的，除非对我来说这个习惯关系到譬如说一种省力的考虑，或是我觉得这样比较好开，亦即可以反映出我的某种意志和生活方式等等，在这种情况下，门把往哪边转对我而言将远比找人结婚还来得重要。由此可见有没有意思总是取决于它和周遭的关系。总而言之，没意思里充满了不确定性。

但既然我说我想写一本没意思行为集成，就表示我一定知道何谓没意思之举。也许吧。但知道一个行为有没有意思，并不见得就晓得没意思究竟是什么意思。但无论如何，我还是可以为了，譬如说让自己心里更明白，而把这本书写出来。然而……

大纲。

（1）没意思的行为：老头和猫[1]——军人和少女[2]（关于这段，我一直犹豫着要不要把它安排在这本集子里面。它也许有着一个很重要的含义。但我还是把它放进来了，让大家看看这究竟是一件多么困难的工作。总之，它仍然有可能出现在另外一本——正在筹备中的——有意义事物集成里），等等。

（2）没意思的话。"就像我们家乡俗话说的"——"就像拿破仑说的"——以及就一般来说大部分的名人嘉言录。雅里的牙签。[3]

（3）没意思的思想。预计可以写成好几大卷。

ᗡ᙭

为什么想写这样一本选集呢？大家将发现没意思最后几乎总是会化为事物或生命机械性的那一面——通常是因为习惯的关系。这也就是说，一切到最后都会变成一种惯性，即使是最伟大的思想，最崇高的壮举，最后保证都会变得没意思。生

---

1 见《加缪手记》第一卷和《鼠疫》。——编注
2 见《加缪手记》第一卷。——编注
3 雅里的牙签见《加缪手记》第一卷。——原编注

命[1]把没意思当成了目的。这就是我这本集成的旨趣所在。它很具体地描写的不但是我们存在中最可观的一部分，亦即由小动作、简单想法和各种喜怒哀乐所组成的那部分，同时也是我们共同的未来。它有可能成为我们这个时代非常难得一见的，真正的预言之书。

✧

在生活看来极其单调的外表下，尼采证明了思考本身，即使在孤独中进行，就是一场非常精彩刺激的冒险。

✧

我们承受了莫里哀必须死去的事实。

✧

3月9日。第一批日日春——八天前还在下雪呢！

✧

尼采也是有乡愁的。但他不愿意向上天祈求。他的解决办法：凡上帝无法给我们的，我们可以转而求诸人——那就是超

---

1　一个无法辨识的词。——原编注

人。妙的是他这么猖狂竟然尚未受到报复，被人当作神来崇拜。也许这只是有没有耐性等的问题。佛陀当年也曾宣扬过一种无神的智慧，数世纪后他自己也被供上了祭坛。

❧

欧洲人把勇气当成一种感官上的享乐；他崇拜他自己。令人反感。真正的勇气是被动的：是对死亡的漠然。一种理想：纯粹知识和快乐。

❧

一个人能希冀什么比贫穷更好的状态吗？我没有说要过得很苦或像现代无产阶级那样毫无希望地工作。但如果穷却还能有一项休闲活动，我看不出人生夫复何求。

❧

我们不能把价值判断完全拿掉。这样就感觉不到荒谬了。

❧

从前的哲学家（正因如此）做很多的思考，因为他们不阅读。这就是为什么他们和具体事物的联结如此密切。但印刷术改变了一切。人们读得多想得少。我们没有哲学，只有评论。

这就是吉尔松所谓的，研究哲学的哲学家时代已经被研究哲学家的哲学教授时代所取代。这是一种既谦卑又无奈的态度。而如果有个思想家，在他的书里一开头就写道："让我们从事物的本源开始探讨"，引来的也许会是一阵讪笑。这种情况已经严重到今天出版的哲学书，不引经据典、没有任何名言和批注的，就没有人会把它当真。然而……

❧

关于《鼠疫》：人类身上可贵之处较可鄙之处多。

❧

一旦我们在很确定"一切皆被允许"[1]的情况下仍选择了放弃，有个东西还是会留下，那就是不再论断他人。

❧

许多人之所以受到小说的吸引，是因为这种文体似乎没有形式可言。事实上小说要求的形式是最难的，也就是说它必须完全臣服于目的之下。所以不难想象有的作者每一本小说的形式都不一样。

---

1　语出陀思妥耶夫斯基小说《卡拉马佐夫兄弟》主角、虚无主义者伊凡之口。——译注

❧

那种如今我已习惯的死亡感受：疼痛不会来支持它。疼痛只会紧紧抓着现下，要你全神贯注地对抗它。但只因看见一条沾满血的手帕而察觉到的死亡，犹如轻易地便再度头昏目眩地坠落时光里：那是一种对下场的恐惧。

❧

云层变得没那么厚了。等阳光一钻出来，那些翻过的土就会开始冒烟。

❧

死亡也让爱情有了形状，一如它塑造了生命那般——它把爱情变成一种命运。你爱的人如果在你还爱着她的时候死去，那么这就是一种地老天荒永不渝的爱情，否则一定会渐渐腐烂。这个世界上如果没有死亡会是什么样，一连串令人捉摸不定和一再重生的形态，一种充满焦虑的变化多端，一个无法完成的世界。但幸好它来了，它，这固若金汤的。而勒内和波利娜这对恋人[1]，他

---

1　勒内和波利娜：（René et Pauline），指法国执政府时期名媛波利娜·德·波蒙（Pauline de Beaumont）和著名作家夏多布里昂（François-René de Chateaubriand）。——译注

最后抚着心爱的她的遗体，像那终于意识到自己命运已成形了的人，落下纯粹喜悦的——那"成了"的——泪水。

※※※

拉法耶特夫人有个奇怪的理论，认为婚姻是最小的恶。嫁娶得不好要强过为热情所苦。我们从中看到一种秩序的伦理。

（所以说法国小说是心理小说，因为它对形而上的东西敬而远之。为了审慎起见，它一向只和人有关。）那些认为《克莱弗王妃》是经典小说的人，必然未曾好好地读过它。它写得其实很差。

※※※

《鼠疫》。分居者：分居日记？"分离的情感是普遍性的，我们可以试着从对话、告白和报纸新闻中得出一个概念。"

同上。分居者。晚间的这个时刻，对信徒来说是自我反省的时刻——但对囚徒来说却是艰难的时刻——这是爱受到挫折的时刻。

《鼠疫》。同上。饥饿迫使某些人思考，另外那些人则是忙于觅食。所以说，不仅祸事同时也是件好事，连某些人的不幸，对另外那些人来说竟是好事。着实令人无所适从。

？史蒂芬。分居者日记。

小说有三个层面：

塔鲁注重细节；

史蒂芬代表一般看法；

里厄调和两者并转化为更高阶的相对性诊断（diagnostic relatif）。

◆◆

分居者。同上。这场鼠疫到最后，他们再也无法想象自己曾经拥有的亲密关系，他们身边如何可能曾经住着一个随时可以碰触到的人。

◆◆

《误会》的题词？"凡事没有一开始就完美的，但却会不断地趋向之。"蒙田。

◆◆

欧洲人皈依佛教，是很可以想象的事情——因为佛教确保了他的存续——因为佛陀认为人生之苦乃无药可救——而他一心渴望的就是这个。

◆◆

圣艾蒂安及其市郊。这样一幅景象，正是对将它创造出来的那个文明的谴责。一个再也没有地方可以存在、可以喜悦、可以从事休闲活动的世界，一个注定要灭亡的世界。没有一个族群可以在丑陋之中绵延下去。它或许可以苟延残喘一阵子，顶多如此。在此，欧洲露出了它最冥顽的几张面孔之一，一个离美愈来愈远的欧洲。这就是为何它在抽搐痉挛，为何它终将死亡，如果它继续坚信和平与回归美，以及与重新给爱定位无关的话。

❧

一切向钱看的人生跟死亡没两样。复活存在漠然之中。

❧

我开始会去怀念写作时那种自信得到证明的感觉。自信有话要说，尤其是说得出东西来——自信的感觉和自己有什么值得作为楷模——相信自己是无可取代而且并非懦夫。我失去的就是这些，我甚至已经开始想象自己不再写作的那一刻。

❧

要有那种选择自己所爱的力量，并坚持下去。不然还不如去死。

❧

分居者："他们迫不及待地想重温他们的爱情，那毫无由罘的忌妒时刻。"

❧

同上。有人来叫他们登记，要弄一个分居人名单。然后就没下文了，大家都很惊讶。但这只是为了"万一"时知道该通知谁。"总之，我们都登记了。"

❧

同上。第三页。"然而当他们终于团圆时，他们还是很难把想象中的伊人替换成眼前这位……所以我们可以说，要一直等到他们其中有人开始觉得眼前人的脸已经看腻了，鼠疫才算真正过去了。"

❧

任何思考有无价值，端看它能从痛苦中汲取多少教训。尽管我对之深恶痛绝，但痛苦是个事实。

❧

我的生活里不能没有美。就是它让我在某些人面前变得很脆弱。

❧

等一切过去后，就脱离（上帝或女人）。

❦

人和动物最大的不一样，就是想象。这就是为什么我们的性行为无法真正地自然而然，也就是说盲目地。

❦

荒谬，是一位站在镜子前面的悲剧者（卡利古拉）。所以他并不孤单。他开始感到满意或洋洋自得。现在该把镜子拿掉了。

❦

当我们看着时间的时候，它过得并不快。它因受到注视而不敢妄为。但它会趁我们不注意的时候。甚至也许有两种时间，一种被我们监视，还有一种改造我们。

❦

《误会》的题词："这就是为什么诗人们要捏造出这个悲惨的母亲尼俄柏，先是失去七个儿子，接着又失去七个女儿，如此惨重的损失让她终于变成了一块岩石……以此来表达当人生碰到太多难以承受的意外时，那种流遍我们全身的，阴郁、无声和隐约的惊愕。"蒙田。

同上。论忧伤。"我很少受到这种情绪的影响，尽管一般人对它推崇备至，但我却既不喜爱也不欣赏。"

同上。（论说谎者）"再也没有比干净利落地停下脚步更能展现一匹马的力量了。"

❧

荒谬。企图透过较亲热的称呼法（le Tu）[1] 来重整道德。我不相信存在着另外一个我们必须去"对他交代"的世界。倒是在这个世界里我们有些事情该交代清楚——对所有我们所爱的人。

❧

同上。关于语言。（帕兰：他对人类无法发明语言的论证是无法反驳的。）一切事物，一旦我们开始往下探究，就会碰到形而上的问题。所以人不管到哪里，皆发现自己被孤立在现实上，宛如受困荒岛，四周环伺着惊涛骇浪般的可能和疑问。我们于是推断世界乃具有某种意义。因为如果它是断然地存在着，那么就不会有任何意义了。快乐的世界没有理由。所以，问"形而上学可能存在吗？"是件荒谬的事，形而上学当然存在。

---

1　圣经法译本对上帝称"你"（tu），而不用敬称"您"（vous）。——译注

❧

这个世界让人感到安慰的，是没有无止尽的苦难。一个痛苦过去了，一个喜悦就会重生。一切都会互相取得平衡。世人也有了补偿。而就算我们比较倾向去预期未来的痛苦，甚至增加它的强度以便能时时感受到它，这样的做法也只是证明我们认为此苦能带来益处，而这回我们的补偿就是受苦。

❧

《不合时宜》第三篇[1]："叔本华眼里充满痛苦地将视线从特拉普修道院伟大的创办人德·朗塞的画像上移开，一面说：'这非圣宠不可'。"

❧

关于 $M^2$ 我不排斥走向最高的存在，但我不愿意走一条自外于人的道路。搞清楚付出热情到最后是否能够找到上帝。

❧

---

1　指尼采的《不合时宜的思考》( *Unzeitgemabe Betrachtungen* )。——原编注
2　手稿字迹难辨。——原编注

鼠疫：非常重要。"就因为他们给您搞了储粮和分开的苦痛，所以您未曾反抗就乖乖就范。"

～

5 月 20 日

这是头一遭：不知为何感到满足和充实。闷热的傍晚，我躺在草地上，扪心自问："如果这些日子就是最后几天呢……"答案：一抹祥和的微笑自内心浮现。然而我完全没有什么可以自豪的：一切尚未解决，连自己的言行都不是那么坚定。这要归诸某种日子过久了的麻木不仁？还是黄昏的温柔？抑或相反，此乃一不再否认之智慧的肇始？

～

6 月，卢森堡[1]

充满风和日光的星期天早上。风把喷泉的水溅得整个池边都是，模型帆船在被吹皱的池面上晃荡，燕子绕着大树飞翔。两个年轻人在聊天："你既相信人性尊严。"

～

---

1　指巴黎的卢森堡公园。——译注

前言：——爱……

　　　——知识……

　　　——是同一个字。

ॐ

白天的时候那些鸟看起来四处乱飞，毫无目的，不过天一黑，它们似乎又总是能找到方向，知道何去何从。所以，也许在人生天黑的时候……[1]

人生有天黑的时候吗？

ॐ

瓦朗斯的旅馆房间[2]。"我不要你这么做。一旦这么想，我成了什么？我该怎么面对你母亲还有你那些姐妹，玛莉罗兰，我是绝对不会对你这么提的，你也知道……我求求你，不要这样做好吗。我这两天真的需要好好休息一下。我绝对不会让你这么做的。我说得到做得到。必要的话我可以娶你。但我不要在良心上过不去……这事我是绝对不会对你说出口的……就是几句话。重要的是行动我觉得……人家会以为这是个意外。火

---

[1] 接下来的几个字在手稿上是用铅笔加上去的。——原编注

[2] 加缪前往瓦朗斯与一个从阿尔及尔来的女性友人见面，此处记录的是他在旅馆里听到的隔壁房间对话。——译注

车……"等等。（她哭了起来，叫道：我恨你。我恨你对我做出这种事。）"我知道，我知道，罗兰，我都知道。但我不想对你这么说，等等，等等。"他做出承诺。时间：一小时又三十分钟。单调。原地踏步。

❦

梵高深为勒南的某个想法所慑："让自我死，做伟大的事，成就高贵，超越几乎所有人都在其中苟活的鄙俗。"

"如果一个人能一直悄悄地爱着那确实值得去爱的，而不要在一些没有价值，空洞而且无聊的事情上浪费他的爱，他就能渐渐地受到启发，因而变得更强壮。"

"如果我们在一件事情上追求完美，并对它具有深入的了解，我们就能同时了解和认识到许多其他的事物。"

"在我不忠的行径下，我其实是个忠诚的人。"

"如果我画的是风景画，里面一定会有人脸的痕迹。"

他引述多雷的话："我有着牛的耐性。"

见第三百四十封，提到他去兹韦洛的旅行[1]。

伟大艺术家的恶劣品位：竟然把米勒和伦勃朗相提并论。

"我越来越相信不应该用这个世界来论断上帝，这不过是一

---

1　梵高，《书信全集》（*Correspondance complète*, t. II, p. 254）。——原编注

张他画坏的草图。"

"我大可以在生活上——在绘画上也是，不要上帝。佢我没有办法，像我这样一个受苦的人，不能不要一种比我更崇高的东西，这就是我的生命，那创造的力量。"

漂泊不定的梵高长久以来寻寻觅觅，直到 27 岁那年才发现自己的道路原来是成为一名画家。

ॐ

当我们该做的都做了，也终于能够非常地理解、接受和忍受贫穷、病痛和生病的坏处，这时就只剩下跨出那最后的一步了。

ॐ

《鼠疫》。感情丰富的教员[1]在鼠疫结束时下了一个结论，认为如今唯一能做的明智消遣，就是把一本书从尾到头倒着抄一遍（文字及意涵待详）。

塔鲁在沉默中死去（影射，等等。）

行政单位的隔离营。

---

1　即前面提到的史蒂芬。——原编注

教员和医师最后的对话："他们又在一起了"，"但这是因为他们要的不多"，"我，我可是什么都没有"，等等。

犹太区（苍蝇）。那些想要维持住表面的人。有人还会端出代用咖啡请客。

分居者。第二。过去对他们本身而言已是如此难以忍受的（年老），现在连配偶的，他们也得一并承担下来。

不过一些例行公事还是得去执行。于是大家才得知一件当年曾引起有识者高度关注的案件的后续发展。一个年轻的杀人犯……后来被特赦了。当年那些报纸还说他如果十年内表现良好的话，也许就能走出来，重新去过他每天的生活。结果根本不用费那么大的劲。

❧

对文字有信心，这是古典主义——不过要保持信心，必须字字斟酌。挑战古典主义的超现实主义却只会滥用文字。让我们以谦卑的心，回归古典主义。

❧

那些热爱真理的人应该会去婚姻之中寻找爱情，换言之即没有幻觉的爱情。

❧

　　"欧西坦尼亚[1]给我们的启示是什么？"《南方笔记》（*Cahiers du Sud*）的一期专刊。大致上，我们在文艺复兴、18世纪和大革命等时期皆一文不值。我们只有在10到13世纪的时候还有点分量，而在那样的时代背景下——当时的每一种文明都是国际性的，也实在很难把我们当成一个国家来谈。于是数百年无论是苦难或荣耀的历史，上百个伟大先人的名字，一个传统，一种族群的生活方式，爱，这些全都是一场空，全都没有什么。然后还说我们是虚无主义者！

❧

　　人文主义不会让我觉得无聊：它甚至博我欢心。只是我觉得它太简单了。

❧

　　布吕克[2]，多明我会教士："我常被他们惹毛，我！这些基

---

1　欧西坦尼亚（Occitanienne）位于欧洲西南部，横跨南法、北意和西班牙的一个文化区域，历史上的共同语言为奥克语。——译注

2　雷蒙－利奥波德·布吕克贝热（Raymond-Léopold Bruckberger, 1907—1998）：多明我会教士，身兼作家、剧作家和电影导演，是当时巴黎文艺圈的红人。布吕克乃加缪对他的昵称，两人在大战期间曾有交情。——译注

督教民主派人士。"

"G具备了神父该有的一切，那种主教式的和蔼可亲。是说就连真主教身上的我都快受不了了。"

❧

我："年轻的时候，我以为每个传教士都很快乐。"布吕克："因为害怕失去信心，所以他们都会尽量压抑自己的感觉。这样的使命是负面的。他们不再正视生命。"（他的梦想：令人折服的伟大神职人员，浑身散发着贫穷和果敢的光彩）

关于尼采下地狱的谈话。

❧

巴雷斯和纪德[1]。失根对我们来说已经是个过时的问题。当我们不再对问题热衷时，就比较不会乱说话。总之人都需要有个故乡和一些旅程。

❧

《误会》。妻子在丈夫死后："我多么爱他！"

❧

---

1　倡导本土草根性的巴雷斯和信仰游牧主义的纪德曾于1897年发生论战。——译注

阿格里巴·多比涅[1]：总算有个相信并为其信仰而战的人。总而言之，他很满足。这可以从他对他的房子，他的生活和生涯的满意程度中看得出来。如果他骂人，那是因为对方犯了错——他觉得。

❧❧

造成一出悲剧的，是因为里头那些互相抗衡的力量，每一个都同样地正当，都有权利活下去。所以有轻微的悲剧：其中包含了一些不正当的力量；以及重大悲剧：证明一切都是有道理的。

❧❧

梅赞克[2]高地上，挥剑猛斩的风在空中呼啸。

❧❧

活着并且做自己热爱的事，意味着能够掌控它们。

❧❧

---

1　加缪留下的手稿中，有三页关于阿格里巴·多比涅（Agrippa D'Aubigné）的笔记，多比涅是在 16 世纪末活跃的新教诗人。——译注

2　梅赞克（Mézenc），位于法国东南部，是中央山脉群中的一条，最高处海拔 1753 米。——译注

永恒轮回的前提是人必须对他的痛苦感到自豪。

∽❧

生命中有很多事情都会让人希望自己能够老一点。

∽❧

不要忘记：疾病及其引起的衰退。每一分钟都要不可以浪费——这和"动作快一点"的意思也许刚好相反。

∽❧

这个故事告诉我们：一旦知道对方真正的企图是什么，大家就不可能再相处下去了。

顽强地拒绝一切的集体看法。在对任何社会的"评论"观点中注入纯真无邪。

∽❧

炎热让人像水果那样很快就熟了。他们在还没活过之前就成熟了。他们在学会什么之前就已经知道一切。

∽❧

B. B.[1] "没有人可以想象某些人必须费尽九牛二虎之力才能让自己跟正常人一样。"

❧

《鼠疫》。如果塔鲁的笔记占有很大的分量，那是因为他死在叙述者的家中（一开始）。

"您确定这一定会传染，最好采取隔离政策吗？""我不能确定什么，但我非常确定到处乱丢的尸体，死人活人全混在一起，等等，皆非可行之道。理论随时会变，但有个东西永远不会失效，那就是必须前后一致。"

❧

卫生大队和疫情对抗到后来的结果是对任何鼠疫的消息皆失去了兴趣。

鼠疫消弭了所有的价值判断。人们不再关心衣服、食物的质量，等等，一切都变得可以接受了。

分居者想请医生给他开一张可以出城的证明（他们就是这样认识的）。他提到他的计划……他会固定来找他。

火车，车站和等候。

---

1　巴兰（Blanche Balain），加缪的前剧团同事。——译注

　　鼠疫造成了分离。而那些还没被拆散的，只不过是个持续的偶然罢了。鼠疫才是一切的准则。

❧❧

**1943 年 9 月 1 日**

　　因事件而绝望者为懦夫，但对人类处境有信心的则是疯子。

❧❧

**9 月 15 日**

　　他把什么都放下了，个人工作，生意信件，等等，只为了答复一个用心写信给他的 13 岁小女孩！

❧❧

　　既然存在这个字包含了某种亦即我们的乡愁的东西，但同时它又忍不住要去追求某种更高层次的现实，到最后，我们就只能在一种转换过的形式下，去讨论存在——或称之为"不存在"哲学，但这并非对存在的否定，它只是想厘清人的那种"被剥夺了……"的状态。不存在哲学是探讨放逐的哲学。

❧❧

　　萨德。"有人会声色俱厉地批判激情，但他们也不想想，如果没有激情之火，哲学亦无法点亮它的光明。"

❧❧

艺术有腼腆的本能。它就是没有办法直接把事情说出来。

❧❧

革命期间死的都是最优秀的。牺牲定律最后总是让那些懦夫和懂得自保的人得以发言，其他的在全力以赴时也失去了发言权。一旦开口意味着这人已经背离。

❧❧

只有艺术家能为这个世界带来好处。不，帕兰说。

❧❧

《鼠疫》。大家都在奋斗——各人以各自的方式。只有懦弱的人才会双膝跪地……一批又一批的新道德家不断出来，而且他们的结论总是千篇一律：要把膝盖屈起来。但里厄说的却是：要用这个或那个方法来抵抗。

被放逐者花好几个小时在那些车站里等候。让死寂的车站又活了过来。

里厄："任何一个战斗的团体中，都需要有人负责杀戮，有人专门医治。我选择医治。但我很清楚我正在战斗。"

❧

《鼠疫》。就在此时，远方港口的水面被染成玫瑰色，夕阳正在西下。

❧

"因为弃世，因为在人间受了太多苦难而远离，而走向上帝，如此做法必然毫无所获。上帝需要的是心系于世的灵魂。唯有你们的喜乐能令他感到完满。"

❧

如果是为了忠实呈现这个世界，与其去复制它也许还不如用隐喻的手法。连最好的摄影作品都已经是一种背叛。

对理性主义的反驳：如果纯粹决定论是有意义的，那么我们只需要一个为真的肯定命题，就可以从一个结论推到另外一个结论，一直推到完全真理。但事实并非如此。所以，或者我们从未提出任何为真的肯定命题，即使那"一切皆已注定"的命题也不是真的；或者我们虽已提出真相，但它并无法产生任何作用，是以决定论为假。

❧

关于我那篇《创作对抗上帝》[1]。有个天主教批评家（菲梅〔Stanislas Fumet〕）认为艺术无论其目的何在，一直和上帝进行着一种应受到谴责的竞争。塞克雷坦（Roger Secrétain）也有同样的看法，见《南方笔记》，1943 年 8—9 月号。佩吉（Péguy）："甚至有一种诗，它的光芒来自于上帝的缺席，它不会去炒作任何的救赎，除了自己以外谁都不信，这是人的努力，它填补了生命中的空虚，在现世就能得到报偿。"

护教的文学和竞争的文学之间并没有中间路线。

❧

我们的责任是实现我们知道该怎么做的正义和善——或那些"较好的"。这容易吗？不，因为即使只是我们知道该怎么做比较好的，做起来都很困难。

❧

荒谬。如果我们自杀，荒谬就被否定了。如果我们不自杀，荒谬作用就会变成一种满足感的来源，进而否定了它自己。这

---

1　见《反抗者》中《反抗与艺术》一节。——原编注

不是说荒谬就不存在了。这意思是说荒谬实际上是没有逻辑可言的。这就是为什么我们无法真正地活在荒谬中。

❧❧

巴黎。1943 年 11 月[1]

　　《苏瑞纳》[2]。第四幕，所有的门都被看守住了。而在此之前语调一直是那样宜人的欧律狄刻，开始不说话了，她按压着她的心脏，发不出那可以让她获得释放的言语。她一直到最后都不再说话了——终于因沉默而死去。而苏瑞纳：

　　"啊！……这压迫着我的苦痛

　　不要把它当成只是一种情感。"

　　古典剧场中令人肃然起敬的大胆作风，是连续用一对又一对从未有过那些经历的演员来叙述事件，而且刚好是剧中行动和焦虑情绪都逐渐进入高潮的时刻。

❧❧

　　帕兰。他们全都在作弊。他们从未走出他们深陷其中的绝望状态。而这一切，都要归咎于文学。帕兰眼中的共产主义者

---

1　1943 年 11 月 2 日，加缪进入伽利玛出版社担任审稿员。——原编注

2　《苏瑞纳》（*Surena*）是高乃伊最后一部剧作，完成于 1674 年，描述波斯将军苏瑞纳和亚美尼亚公主欧律狄刻之间无法结合的爱情。——译注

是一个扬弃语言，并代之以实际反抗行动的人。他选择了从事耶稣基督所不屑一顾的，亦即去拯救那些下地狱之人——不惜冒着也被打落地狱的危险。

❧

在所有的痛苦、热情和激情之中，都有一个阶段是属于个人，甚至构成了他最私密、最无法解释的那部分，以及另外一个属于艺术的阶段。不过在第一个阶段中，艺术根本不能发挥什么作用。艺术是痛苦在时间过后所得到的超脱。

这是人对他自己的超越。

❧

萨德习惯使用的那种色情手法，是荒谬思想的一条出路[1]。

❧

对卡夫卡来说，死不是一种解放。马尼[2]说他有一种卑微的悲观主义。

❧

---

1　参考《反抗者》中的《一个文学家》(*Un homme de lettres*)。——原编注
2　马尼（Claude-Edmond Magny, 1913—1966）：法国现代文学的重要批评家。——译注

《鼠疫》。爱在他们身上以一种执拗的形式表现出来。

❧

增加对卡利古拉的考验："走吧，悲剧已经结束，我们也全盘皆输了。我要掉过头去走开了。在这场为不可能而战的战斗中，我已尽了全力。让我们等死吧，要趁早知道，死并不能解放什么[1]。"

❧

"基督也许是为某人而死的，但不是为我"。——人有罪，但这是因为他不晓得要从自己身上去寻找自救之道——而且是从一开始就越错越厉害。

❧

关于正义——自从那次他被痛殴一顿之后，这人就不再相信它了。

同上。我对基督教的指责是它有个不正义的教义。

❧

---

1  加缪后来并未用上此段笔记。——原编注

《鼠疫》。结尾是一个穿着丧服的女人，一动不动，沉痛地宣布着男人们曾经奉献出的生命和鲜血。

❧

30 岁。

人的首要能力是遗忘。但说他甚至连自己做对的事也忘了亦不为过。

❧

《鼠疫》。分离才是原则。余者皆为偶然。

"但有人还是一直在一起。"

"有些偶然会持续一辈子。"

海水浴不准洗了。这是个信号。不许人放松自己的身体——不许他重见事物的真相。但鼠疫会结束，某种真相即将大白。

分居者的日记?

❧

在思想上我们能实现的最大节约，就是接受这个世界的不可理解性——然后把注意力摆在人的身上。

❧

当人老了，达到了一种智慧或精神上的境地，但竟然还会去怀念自己曾经做过的一切与此精神、此智慧背道而驰的事情时，内心受到的冲击一定不小。不是太早熟，就是为时已晚。就是不能刚刚好。

⤳⤳

我和X一家走得很近，因为他们的记性比我的好。我们共同的过去，他们让它又更丰富了，他们帮我将那些已经离去的一切又带回记忆中。

⤳⤳

要写出有挑战性的作品。它就必须是完成的（"没有明天"的重要性即由此而来）。它和神的创造完全相反。它是完成，有限的，清楚的，因人的坚持而成形。一致性就掌握在我们的手里。

⤳⤳

帕兰。一个人可以选择他什么时候要为真理而死吗？

⤳⤳

在这个世界上，有见证人也有糟蹋人。每次有个人出来见证然后死了，就会有别的人出来，借由文字、宣道和艺术等等，糟蹋他的见证。

❧

成功可以让一个青年变好，有如快乐之于成熟的男性。他的努力得到了认可，他终于可以轻松一下，放任自己，疗效神奇。

❧

罗杰·培根坐了十二年的牢，因为他坚称实验在知识事物中的优先性。

❧

青春有逝去的时候。那也是我们失去人的时候。懂得如何接受这样的时候很重要。但这样的时候真的很难受。

❧

关于美国小说：它追求的是普世性。跟古典主义一样。只是古典主义追求永恒的普世性，而现代文学，因为环境不同（各种领域的交相渗透），追求历史的普世性。人不再万世不变，而是放诸四海皆准。

❧

鼠疫。"他喜欢早上四点就醒来，然后想着她。这是他最能掌握她的时刻。早上四点，大家什么也不做。大家都在睡觉。"[1]

有个剧团继续演着一出关于俄耳甫斯和欧律狄刻的戏。

❧

分居者：这个世界……但我自己又是谁，可以去断定他们。他们都没错。只是找不到出路。

医生和塔鲁之间关于友谊的谈话："我想过了。但这是不可能的。鼠疫不会给我们时间。"突然："此时此刻我们活着都是为了要死去。这很发人深省。"

同上。一个选择沉默的人。

❧

"为自己辩护吧！"法官们说。

"不，"被告说。

"为什么？这是应该的。"

"时候还不到。我要你们先负起全责。"

❧

---

1　见《鼠疫》里的兰伯特（Rambert）一角。——原编注

关于艺术中的自然主义。绝对存在者不可能存在。因为真实亦令人无法接受（低级趣味，鄙俗，不符人类的深层需求）。这就是为什么人类的创作，从世界出发，到最后却总是反过来反对这个世界。连载小说的价值不高，那是因为里头写的大部分都是真的（有可能现实就像他们写的那样，不然就是这个世界太俗套）。改造这个世界的是艺术和艺术家，但背后一定有个抗议的动机。

❧

A 对 S 的描写："她的优雅，她的敏锐，那种混合了抑郁和坚定、谨慎和果敢的气质，那种天真无邪，却又无碍于她具有许多健康而正确的知识。"

❧

希腊人对存在主义应该会完全无法理解吧——然而，尽管对基督教反感，他们最后还是信了。那是因为存在主义完全不讲行为法则。

同上。没有任何认识是绝对纯粹的，亦即完全不带一点利益色彩。艺术通过描述，是一种追求纯粹认识的尝试。

❧

对荒谬世界提出质疑，就是去问："我们要什么都不做，就这么绝望了吗？"我想任何诚实的人都不能回答是的。

❧

阿尔及利亚。我不晓得我这样讲够不够明白。但我每望着一个孩子的脸，那种感觉就像回到阿尔及利亚。然而，我知道不是一切都纯洁。

❧

我的作品。完成有关创世之书的系列作品："创世修正版"。

❧

如果说作品，作为一种反抗的产物，概括了人所有的憧憬，它的理想性一定很高（？）。所以反抗性创造之最纯粹产物是爱情小说，它会……

❧

这非比寻常的混淆，让人们把诗说成是一种精神的练习，把小说看作一种个人的苦修。

❧

小说。面对行动或死亡，同一个人的所有反应。每一次都好像那样是对的。

❧

《鼠疫》。我们不能享受夜凉时的鸟鸣——世界原来的样子。因为世界现在已经被覆上一层厚厚的历史，以至于它的言语必须穿过这样一层才能被我们听见。世界因此变了形。世间的一切都不再是它们原来的样子，因为它无时无刻不令人想起一连串死亡或绝望的形象。再也没有不是奄奄一息的清晨，再也没有不受到禁锢的夜晚，再也没有一个正午看不到那令人毛骨悚然的杀戮。

❧

一个刽子手的回忆。"我会一会儿温柔，一会儿凶残。感觉上，这样做很好。"

❧

《鼠疫》。那人犹豫着是否该加入卫生大队还是为了他的真爱而独善其身。繁殖力！它到哪里去了？

同上。宵禁之后，整座城市只剩下石头。

同上。令他们无法自在的，是那种不安全感。每一天，时时刻刻，从不停歇地，后有追兵，前途未卜。

同上。我试着让自己保持待命状态。但白天或晚上，总有个时刻人会变得很软弱。我怕的就是这种时候。

同上。隔离营。"我知道这是怎么回事。大家会把我忘了，这是一定的。那些不认识我的会忘了我因为他们还有其他的事情要忙，至于那些认识我也喜欢我的，也会忘了我，因为他们的力气已在为营救我的行动和计划中耗尽。总之，再也没有人记得我。没有人分分秒秒地惦念着我，等等，等等。"

（让兰伯特去检视他们）

同上。卫生大队，或说一群带来救赎的人。卫生大队的队员每个看起来都很悲伤的样子。同上。"就是在这片露台上，里厄医师有了将这件事记录下来的想法，让大家都看见他们这些人的同心协力。而这个在此画上句点的见证……等等。"

同上。在鼠疫中，人不再通过身体而活，他们失去了血肉。

同上。开头：医师送他的妻子到车站去。但他又必须提出封锁城市的要求。

‰

《存在与虚无》[1]。关于我们生命的谬误，因我们想要从外

---

1　指法国思想家萨特（Jean-Paul Sartre, 1905—1980）于 1943 年出版的哲学著作，是萨特存在主义的奠基之作。——译注

部来体验我们的生命。

❧

如果肉体会怀念灵魂，那么在永生中的灵魂就没有道理不因与肉体的分离而感到痛苦——且不因而渴望回到人间。

❧

人在绝望的时刻写作。但绝望是什么？

❧

没有任何事物能够以爱为基础：它是转眼即逝，是肝肠寸断，是在美妙的瞬间即坠毁。但它不是……

❧

巴黎，或就是为感性而设的布景。

❧

短篇小说。大革命正烈，有人对仇家允诺放他们一条生路。接着在一场党内的审判中，这些仇家全被判了死刑。他于是帮助他们逃亡。

同上。一个神父因遭到刑求而叛教[1]。

同上。氰化物。他不用这个，因为想看看自己能不能坚持到最后。

同上。那人突然跑去参加民防组织，照顾那些灾民。但他忘了把臂章摘下。就被人开枪打死了。

同上。懦夫。

～

《鼠疫》。鼠疫之后，他第一次听见雨珠打在地上的声音。

同上。既然他要死了，认定活着是件蠢事变成了当务之急。这正是他一向的想法，至少让它在这个节骨眼上发挥一点效用吧。反正，他也不会刚好在他最需要争取一切支持的时候，在一张从未对他绽放过的脸上找到笑容。

同上。那人阴差阳错地进了医院。搞错了，他说。搞错什么？别傻了，绝对不可能出错。

同上。医学和宗教：这是两种行业，而且它们似已达成和解。不过今天一切都很清楚了，我们知道它们是不可能讲和的——必须在相对和绝对之间二择一。"如果我相信上帝，我就不会去救人。如果我认为人能够治好人，我便不会去信上帝。"

---

1　这个题材后来被用在短篇小说《反叛者》中（《流亡与独立王国》）。——原编注

正义：从运动中体验到的正义。

✌❧

《鼠疫》。那家伙对别人生病都能泰然接受。但自己最好的朋友病了，他则是用尽一切办法。所以斗争中的团结一心无非虚幻之物，最后胜出的还是个人情感。

塔鲁的纪事：一场拳击赛——塔鲁结交了一个拳击手朋友。举办非法拳赛——一场足球赛——一场审判。

这晨间令人愉快的时刻，我们吃过丰盛的早餐，一面抽烟，一面在街上散步。那时还有些好时光。

塔鲁："很奇怪，您有种悲伤的哲学和一张快乐的脸。""所以您会发现我的哲学其实并不悲伤。"

期间，所有人物在某卫生大队齐聚一堂。用一章的篇幅来写某次重要会议。

某个无球可踢的足球员的星期天，让他和塔鲁产生的联系：艾蒂安·维拉布拉纳（Etienne Villaplane），自从球赛被禁以来，星期天就不晓得要干什么。从前他的星期天是怎么过的。还有他们现在的样子：在街上游荡，踢小石头，把下水道口当球门直射过去（"一比〇"，他说。还会加上一句：这日子真他妈的）。见有小孩在街边玩球，就跑过去凑热闹。把嘴里叼的烟屁股往前一吐，用脚去接（当然只有开始会这样。后来他还是把烟屁股咬在嘴里）。

里厄和塔鲁。

里厄：如果有人写出像您写的那些东西，感觉上这人就不可能去帮助别人。

"算了吧，"塔鲁说，"那不过是外表而已。"

❧

W。她觉得每一样她能够定义的东西都是可鄙的。她说："这很恶心。感觉就像性别的斗争。"然而两性斗争确实存在，而我们对此亦无可奈何。

❧

有人坚持一切都让另外那个来做，于是自己只需忍受并被动地活着，除非是为了说服另外那个继续付出所有和包办一切才会采取——而且是激烈地——行动。

❧

关于反抗的随笔："然而所有的反抗者还是会采取行动，仿佛他们全都对历史的终结有信心。矛盾的是……"

同上。自由不过是几个智者的心愿。正义才是大多数人想要的，而且大多数人甚至会把正义和自由混淆。但问题：绝对正义等于绝对的快乐吗？——我们于是了解到必须在为正义牺牲自由或为自由牺牲正义二者中做出选择。对一个艺术家来说，在某些情况下，这就相当于要他在他的艺术和人的快乐之间抉择。

人可以独力创造出他自己的价值吗？全部的问题都在这里了。

您是否离题了？我可从没说过人没有理性的话。我的用意是不让人继续沉迷在自己的幻觉里，让他意识到并拿掉这样的幻觉之后，他终于可以是清明且不矛盾的。

同上。价值导向的牺牲。然自私性质的自杀亦是：强调某种价值——觉得它比自己的性命还重要——此即对自己那被剥夺了的、一种有尊严且快乐之生命的情感。

❧

把英雄主义和勇气看成次要的价值——在证明过自己的勇气之后。

❧

远期自杀的小说。设定在一年之后——对于死亡的漠然，让他产生了一种强烈的优越感。

把它和爱情小说做联结？

❧

牺牲的疯狂特性：那家伙为了某个他将见不到的东西去死。

❧

我花了十年才得到这对我而言是无价的：一颗不苦不涩的心。而且由于经常发作，一旦苦涩消退，我就会把它封存在一两本书里。于是人家就一直拿这于我已无所谓的苦涩来判断我。但这样是公平的。这是必须付出的代价。

❧

艺术家们那可怕且贪得无厌的自私自利。

❧

我们只能用爱情之外的一些理由来保存爱情。譬如，一些道德的理由。

❧

小说。她眼中的爱情是什么：是空洞，是自从他们认识以来她心内的那道小裂缝，是恋人们彼此叫着对方名字时的呼唤声。

⋘⋙

　　我们没有那种能力投入所有的层面。但至少可以选择活在我们有能力投入的层面上。体现为我们引以为荣的理念，如此而已。在某些情况下，这么做甚至会导致一个（尤其是）热爱人类的心灵离人远去。

　　无论如何，这是很令人痛心的。但这能证明什么？这证明了凡是认真地思考道德问题的人最后应该都会走上极端。一个人无论他是赞成（帕斯卡尔）或反对（尼采），只要他是认真的，就会发现道德问题不过是鲜血、疯狂和呐喊。

⋘⋙

　　反抗。第一章，道德是存在的。那不道德的，是基督教。给一种反智识之理性主义和神性之非理性主义的道德下一个定义。

　　第十章，作为道德价值的阴谋。

⋘⋙

　　小说。那个因为心不在焉把一切全搞砸了的女人："可是我用我整个灵魂在爱着他。"

　　"算了吧，"神父说，"这还是不够。"

～～

1944 年 9 月 24 日星期天。信

　　小说："告白、泪水和吻之夜。被哭泣、汗水和爱浸湿的床。一切撕痛的最顶端。"

～～

　　小说。一个美男子。他让人宽恕了一切。

～～

　　可以爱所有女人的人，是朝着抽象概念前进的人。他们越过了这个世界，无论那边看起来如何。因为他们不再去看某个人，某个特例。真正绝望的人，不愿面对一切概念，一切抽象事物，他只会死守着一个妻子。只因就迷恋这张并不能满足一切的脸。

～～

　　12 月。这颗满是泪水和黑夜的心。

～～

　　《鼠疫》。分居者，他们通信，然后他找到了刚刚好的调

性，然后他保住了他的爱。言语和好文笔的胜利。

⤲⤳

为艺术辩护：好的艺术作品可以让人更真诚，促进人与人的灵犀等等……

⤲⤳

我不相信绝望的行动。我不相信理由充分的行动。但我相信只要一点点东西，就能给一个行动当凭据。

⤲⤳

除了宗教和道德，再无其他能作为反对独裁行为的理由了。如果这个世界没有意义，那他们就是对的。我不承认他们是对的。所以……

造神的是我们。他不是造物者。基督教就是这么来的。因为我们只会一种造神的方法，那就是自己变成神。

⤲⤳

关于正义的小说。

最后。面对贫病交加的母亲

"我一点也不担心你，让。你很聪明。"

131

"不，母亲，不是这样的。我常常搞错而且我也没有一直都很正直。但有件事……"

"当然。"

"有件事，那就是我从来没有背叛过您。我这辈子对您是忠诚的。"

"你是个好儿子，让。我知道你是一个很好的儿子。"

"谢谢，母亲。"

"不，我才该谢谢你。你，你要继续下去。"

〜〜

人只要无法克服对死亡的恐惧，他就不能得到自由。但并非通过自杀的方式。要克服就不该自我放弃。要能够毫不挟怨地正面迎死。

〜〜

英雄主义和圣洁，次要的德行。但须先证明它们的存在。

〜〜

关于正义的小说。一个叛变分子执行了一个他知道会杀死许多无辜人质的行动……然后他可以签名特赦一个他很瞧不起的作家。

ʕ⍣ʔ

声望。一群庸才把它给了你，然后你再跟一群庸才或混蛋来共享它。

ʕ⍣ʔ

特赦？我们应该支持正义，因为人生很不公平，应该增加幸福和喜悦，因为这个世界上充满了不快乐。同样地，我们不应该判人死刑，因为我们自己已经是一群死刑犯。

医生是上帝的敌人：他和死亡搏斗。

ʕ⍣ʔ

《鼠疫》。里厄说他是上帝的敌人，因为他和死亡搏斗，甚至可以说他的职业就是和上帝作对。他还说当他去抢救帕纳鲁时，他同时也让他明白自己这样做是错的，而帕纳鲁既同意获救，亦是接受了自己搞错了的可能性。帕纳鲁只说最后一定还是他对，因为毫无疑问他迟早还是会死，而对此里厄的回答是不接受，一直奋斗到最后，这才是最重要的。

ʕ⍣ʔ

我作品的意义。这么多的人都得不到恩慈。没有恩慈的生活要如何过下去？

是该采取行动了，来做这件基督教从未做过的事：去关心那些被打入地狱的人。

❧

古典主义，就是对激情的掌握。在古典时期，激情是个人的事。今天则成了一种集体现象。集体激情必须受到掌控，换句话说就是必须给它们一个形式。然而人在感受到它们的当下，同时也被吞噬了。此即何以本时代大部分的作品都是报道，而非艺术作品。

回答：如果我们不能同时将一切都做好，那就什么也别做。这意思是说？这需要比过去更多的力量和意志。我们以后还会讨论到。那将成为明日伟大经典的，必然是个无与伦比的征服者。

❧

关于正义的小说。

有个家伙在受审或受到怀疑（因为需要前后一致）之后，又回到革命者（共）的行列，人家立刻给他派了一个大家都知道此去必死无疑的任务。他接受了，因为这是预定的行程。他在出任务时死了。

同上。那家伙为了肯定团结的价值观，于是力行真诚的道德。他临终前那巨大的孤独。

同上。我们把他们之中最勇敢的杀了。他们也把我们之中最勇敢的给杀了。剩下的是公务员和蠢事。这就是所谓的有想法。

やや

《鼠疫》。用一章来写疲惫。

やや

反抗。自由就是不必说谎的权利。这在社会层面（下属和上司）和道德层面皆为真。

やや

创世修正版[1]。远期自杀的故事

やや

《鼠疫》。"被拆散而发出呻吟的东西。"

やや

---

1　这个标题常在加缪的手记中出现，尤其是第五本中的"创世修正版或体系"。——原编注

这人（法国国铁的稽查员）的生活里只有铁道。

活在物质表面薄膜上的法国国铁公务员。

<hr />

M. V. 的表哥。他搜集热气球（有瓷的，或做成烟的，纸镇的，墨水瓶的等等）。

<hr />

普世小说。坦克车仰翻，像条蜈蚣似地瓦解了。

<hr />

鲍勃在夏日草原上发动攻击。他的头盔上覆满野芥菜和野草。

<hr />

创世修正版

坦克仰翻，像条蜈蚣似地挣扎。

鲍勃在诺曼底夏季的草原上。他的头盔上覆满野草和野芥菜。

参考《时代》杂志上英国委员会关于暴行的报告。

苏丝（Suzy）的那个西班牙记者（跟他要文章）（孩子们笑着为他指出那些尸体在何处）。

那一个钟头的感觉就像心头上一直被浇着冷水。

　　一整天大家都在谈论晚餐喝牛奶汤的可能性，如此一来，晚上就得起来尿好几次。何况洗手间在离宿舍一百米的地方，而且天还那么冷，等等。

　　——一群从集中营里放出来的妇女回到了瑞士，看到有人在举行丧礼，哗然大笑："这里的死人都有这样的待遇。"

　　——雅克利娜。

　　——两个波兰少年，被人教唆放火烧了自己的家，他们的父母都还在屋内。一个十四一个十七，布痕瓦尔德[1]。

　　——驻扎在帮浦街[2]一栋三层楼房里的盖世太保分部。每日清晨，那位门房太太就在一群被施以酷刑的犯人中间进行清扫工作。"我从来不会去管我的房客在做什么。"

　　——雅克利娜从柯尼斯堡回到拉文斯布鲁克[3]——徒步走了一百公里。在一座里面用画布框隔成四块的大帐篷中。女人们就直接睡在地上，一个挨着一个，人数多到谁也睡不着。拉肚子。上厕所还得走一百米。而且必须跨过踩过一副副的躯体。有人就直接拉出来了。

　　——从全球观点来看政治与道德的对话。面对此一各大力

---

1　布痕瓦尔德（Buchenwald）为德国境内最大和最早的集中营之一，在魏玛附近。——译注

2　帮浦街（rue de la Pompe）为巴黎街名，位于富人聚居的巴黎十六区。——译注

3　拉文斯布鲁克（Ravensbruck）为二次大战期间位于北德的一座女子集中营。——译注

量集结而成的巨岩：辛戴斯[1]。

——X，集中营女囚，获释时身上被刺着：曾服役于亲卫队某某集中营一年。

❧

论证。证明抽象概念为恶。它造成了战争、刑虐和暴力，等等。问题是：当意识形态碰到以该意识形态之名而施加的暴虐时，抽象观念面对切身之恶时如何坚持下去。

❧

基督教。就算我们可以接受你们的公理，你们也会自食其果。因为如此一来我们的谴责将毫不容情。

❧

萨德。加尔[2]的解剖报告："光就颅骨而言与任何老人并无二致。亲情并爱护幼小等器官明显突出。"[3]

萨德论拉法耶特夫人："提高了精确性之后，她的作品也变

---

1 原笔记中"辛戴斯"（Sintes）之前的几个字已模糊无法辨认。——原编注

2 加尔（Franz Joseph Gall, 1758—1828）：德国神经解剖学家，颅相学的创始人，20世纪初，法国民间传说加尔的学生曾潜入萨德墓中盗走侯爵头颅。——译注

3 加尔认为从一个人的颅骨骨相可以判断他的性格，并将人的头骨分为二十七个"器官"，每个器官支配不同的心理特征。——译注

得有趣多了。"

萨德对卢梭和理查森[1]十分激赏，他们让他学到了"并非让德行占上风就必然能引起关注"。

同上。"我们无法认识到人心，"除非是通过不幸和旅行。

同上。18世纪的人："当他以提坦[2]为榜样，敢将他胆大妄为的手一直伸到天上，并仗着自己满腔的热情，不再害怕抗拒过去那些让他仓皇战栗的对象。"

✺✺

反抗。政治到最后导致的是一些无益于沟通（共识）[3]的党派。

✺✺

——至于创造本身。如何处理？最不可能去排挤党人的原是那些异议分子。但他们还是那样做了。

✺✺

---

1　理查森（Samuel Richardson, 1689—1761）：英国著名小说家和印刷商作品主旨在描写社会现实和颂扬中产美德。——译注

2　提坦为希腊神话中曾对抗天神的巨人族。——译注

3　手稿中的"共识"原写在"沟通"一词的上方。——原编注

对整个社会感到深深的厌恶。想要逃避并接受这个时代的腐败。孤独令我快乐。但亦感受到腐败乃肇始于我们接受的那一刻。而我们留下来——为了让人能够保持在他的高度上。确切地说，是为了不要让他堕落。但讨厌这样在他人身上的分心，厌恶到想吐。

❧

沟通。是人的羁绊，因为他只能局限在熟识之人所组成的圈子里。圈子之外的就不管了。人必须活在有血有肉的圈子里。

❧

衰老的心。曾经爱过然而却什么也无法挽回！

❧

那些低下且每天重复的工作的诱惑。

❧

C 和 P. G.：对真理的狂热。他们身边的每一个人都被钉上了十字架。

❧

另外我们这些正处于整个文明最前端的法国人：我们再也不会取人性命。

我们可以出庭指控上帝了。

❧

1945 年 7 月

1841 年，夏多布里昂致正前往希腊的安培[1]：

"好好地代我向海麦塔斯山（Mt. Hymette）告别，我在那儿留下了一群蜜蜂；还有我在那儿听蟋蟀的斯尼旺角（Cap Sunium）……我即将必须扬弃这一切。我在那些我还记得的回忆之中漫游，但它们有朝必然消逝无踪……您再也寻不着我在阿提卡[2]见过的任何一片橄榄叶，任何一颗葡萄。甚至当年的草地都令我怀念不已。我连养活一株石楠的气力也没拥有过。"

❧

反抗。

我最后还是选择了自由。因为即使正义未曾实现，自由仍可继续和不公对抗并让讯息得以传递。一个无声世界的正义，

---

1　这里指的是著名法国物理学家安培之子让－雅克·安培（Jean-Jacques Ampère）。——译注

2　阿提卡（Attique）：雅典及其附近地区的古称。——译注

一群哑巴的正义会毁掉人与人的默契，否定反抗并恢复无异议的局面，只不过这次将是以最低下的形式表现出来。在这种情况下，自由价值当然会逐渐取得优先权。但真正难的还是在追求自由的同时永远不忘坚持正义，一如前述。说到这里，还有一种正义，尽管是很不同的正义，那就是在那些甘愿为自由而死的人的事迹里竖立起唯一永远不会改变的价值。

自由就是可以去捍卫那些我所不认同者，即使是在一个我认可的政权或世界里。是能够承认对手正确的权利。

જ

"忏悔的人很了不起。但今天有谁愿意默默无闻而了不起的？"（《德·朗塞传》）[1]

જ

如果我不曾是我曾是的那个孩子，我会成为什么样的人！

જ

Ch 未发表的文字[2]

---

1　《德·朗塞传》(*Vie de Rancé*)：夏多布里昂著，描述特拉普斯特修会创办人德·朗塞的生平事迹。——译注

2　Ch 指夏多布里昂。——译注

"我从未曾被一位女性以这般全然的信赖拥抱过，这些同心结，这种我所追寻的热情如火，其魅力值得用一辈子去换取。"

"当品性不够坚定的时候，恶习虽不致导致罪行，但会让人腐化。"

同上。"如果没有热情，就不会有德行，然而本世纪还是来到了此一悲惨的极致，既无热情亦无德行。善恶于它一如物质般被动。"

"一个人的智慧高而心性低的话，就会写出一些伟大的东西，但只能做到其中一点点。"

❧

小说。

"人们该得的那份我已经给了，也就是说我曾跟着他们一起说了谎也有过欲望。我在人间奔波，该做的我都做了。现在我受够了。我有个帐要和这片景色算清楚。我想要和它独处。"

❧

1945 年 7 月 30 日

一个人到了 30 岁，应该要对自己了如指掌，确切知道自己有哪些优缺点，晓得自己的极限在哪里，预见自己的衰颓——做他自己。尤其是接受这些。我们会变得很积极。一切有待实践，一切也有待抛却。不再造作，但仍戴着面具。我已经见过够多的世面，几乎能够抛开一切。剩下的，是一种每天持续不断，不可思议的努力。能够守密的努力，不抱希望，亦无怨尤。再也不会去否认什么，因为一切都能够加以肯定。凌驾伤痕。

# 第五本

*1945.9—1948.4*

当代唯一的问题：我们可以毋须信仰理性的绝对力量而改造这个世界吗？尽管有理性主义，甚至马克思主义的种种幻想，世界历史仍为一部自由史。如何界定自由之道？凡已被界定者即已不再存活者，这种说法无疑是错的。但也只有活过的能加以界定。如果真有上帝的话，即便是他也无法改变过去。而且他对未来也不会比人有更多或更少的把握。

❧

政治的二律背反。我们活在一个必须选择当受害者或刽子手——别的什么都没有——的世界里。这样的抉择并不容易。我总觉得事实上并没有刽子手，只有被害人。我是说到头来，当然。但此一真相并未广为人知。

我对自由有种非常热切的渴望。任何知识分子谈自由，最后一定会变成在谈言论自由。但我完全可以理解对很大一部分的欧洲人而言，这方面的顾虑并非首要，因为只有正义才能保障他们的最低物质需求，于是为了这么粗糙的正义，他们情愿牺牲自由，不管值不值得。

我早就看清了这点。我若主张需要调解正义与自由之间的对立，那是因为我认为此乃西方世界最后一线希望。但这样的和解也唯有在某种如今依我之见几乎是乌托邦的气氛下方可取得。一定要牺牲这两个价值的其中一个吗？该怎么看待这种情况？

❦

政治（续）。一切都要归咎于那些负责为人民说话的人毫不在乎，也从未真正关心过自由。当他们说真话的时候，甚至以反其道而行为豪。然而简单的关怀足矣……

于是少数几个会去担忧这方面的人，迟早有天得死（但死法有好几种）。如果他们有尊严的话，赴死前是绝对不会束手就擒的。但这些人如何能与他们的同胞以及整个正义价值抗争到底？他们会用见证的方式，仅此而已。于是，相隔两千年之后，我们又将目睹已数度重演的苏格拉底的牺牲。明天的节目：对那班自由的见证者执行隆重而象征性的死刑。

❦

反抗：创造是为了和人接轨？然而创作却逐渐地将我们与世隔绝，将我们远远地抛开，得不到一点爱的荫庇。

❦

人们总以为一个人自杀必定有个理由。但他大可是为了两个理由而想不开。

❦

我们并非生而自由。不过决定论其实也是种谬误。

❧

我觉得什么可以叫作（什么是）长生不死[1]？一直活到连最后一个人也从地球上消失。如此而已。

❧

X。这个怪人，说话毫无意义。但这和轻佻完全相反。他说一件事，然后又自打嘴巴，不然就是毫不犹豫地承认自己搞错了。他之所以如此，是因为他觉得这些都无关紧要。其实他根本不在意自己说什么，他在乎的是自己另外那个还要严重无数倍的伤口，他走到哪里都要带着它，无人知晓，直到老死。

❧

反抗美学[2]。若说古典主义的定义在于人对自我激情的掌控，一个古典的时期则是当代人的激情能够通过艺术而获得形式和表达的时代。然而在此集体激情优先个人激情的今天，艺术必须掌控的不再是爱，而是最纯粹意义上的政治。人突然对

---

1　"什么是"（Qu'est-ce que）是后来用铅笔加在原稿上的。——原编注
2　见为尚福尔（Chamfort）的《箴言与趣闻》（*Maximes et Anecdotes*）所写的前言以及《反抗者》最后几章。——原编注

自我的处境产生了一种充满希望或毁灭性的热情。

但这是一项多么艰巨的任务——（1）因为若表达激情的先决条件是必须对这些情感有所体验，那么艺术家会在集体激情上耗去所有的时间；（2）因为其中死亡的风险也比较大，甚至这是唯一能够真正体验集体情感的方式，亦即愿意为它而死。所以对艺术而言，取得真实性的最佳良机同时也是最可能失败的时刻。由此可见，这样古典主义大概是行不通的。但它过去若未能存在，那是因为事实上人类的反抗历史总是有一种趋向这种最坏情况的特性。若黑格尔说的没错而历史的终结是可以想象的话，那也只能从失败里去想象。而这点黑格尔却理解错误。但若此一古典主义一如我们所希望的那样，是可行的，那我们至少会发现它必须靠一整个世代，而非个人力量才能成立。换句话说，我所提到的那些失败的可能性，可以用数量来弥补，亦即在十个真正的艺术家里头，也许会有一个存活下来，并得以在有生之年找出奉献给激情和创作的时间。艺术家不能再单打独斗。或者，如果他可以这么做，那都要归功于一整个世代造就了他。

❧

1945 年 10 月

反抗美学

人不可能完全绝望。结论：所有的绝望文学都只是一个极端的例子，而非最具代表性者。人的特殊之处不在于他会灰心丧志，而在于他能够克服绝望并将之遗忘。———一种绝望的文学永远不可能具有普世性——普世的文学不能只停留在绝望上面（但也不能一味地乐观——只需反过来推论就行了）。它应该只是正视问题。附上：文学之所以具备普世性与否的各项理由。

❦

反抗美学。伟大的风格和美丽的形式是最高级的反抗的表现方式。

❦

创世修正版。

"像我这样的人不会怕死，"他说，"这是一个让他们理直气壮的意外。"

❦

为什么我是一个艺术家而非哲学家？因为我思考时根据的是文字，而非概念。

❦

反抗美学。

爱·摩·福斯特——"（艺术作品）乃宇宙中唯一有着某种内在和谐的物品——别的一切之形成靠的都是外在的压力，一旦模子被拿走了，它们就会垮下来。艺术作品自己能够独立，别的没有什么可以办到这点。社会时常应允我们总是办不到的那件事，艺术作品办到了。

"……它（艺术）是我们这个失序的人种唯一生产出来的有序之产物。这是一千个哨兵的呐喊，一千座迷宫中的回响，这是我们无法遮盖的灯塔，这是我们为自己的尊严所做出的最佳见证。"

❧

同上。雪莱："诗人乃世间未受承认之立法者。"

❧

悲剧

　　C 和 L ——我特地来找你。我让你陷入了致命的险境。

　　——他们全都是对的，一个角色叫道。

　　C ——我害你几乎是死定了。但你一定要了解我的用心。

　　——我无法了解没有人性的行为。

　　——那我也不能再奢求那些我爱的人来了解我了。

C——我不相信自由。这是我身为人的痛苦。自由如今令我不自在。

L——为什么?

——它让我不能伸张正义。

——我相信这两者是可以和解的。

——历史证明你的想法有误。我认为它们是无法和解的。这是我身为人的领悟。

——为什么要选这个而不是另外那个?

——因为我希望让最大多数的人得到快乐。而自由从来就只是种关怀,只有几个人非常在乎。

——那万一你的正义也落空了呢?

——那我就会坠入地狱,一个连今天的你都无法想象的地狱。

——我来告诉你会发生什么事好了(场景)。

——每个人都在赌他相信的真相……再说一遍,自由令我不自在——我们应该把那些说自由存在的人都给杀了。

C——L,你的尊重呢?

L——你根本不在乎这个吧?

C——没错,这是个没有意义的弱点。

L——不过也多亏了这个弱点,我才会为你保留了我的尊重。再会了,C……像我这样的人总看似会孤独地死去。我也打算这么做。但其实我愿意尽力让人们能免于孤单。

L——改造这个世界是件没有意义的工作。

C——该改造的不是这个世界，而是人。

C——到处都是笨蛋。别的地方到处都有笨蛋和懦夫。但我们这群人中你找不出一个胆小鬼。

L——英雄主义是一种次级的美德。

C——你，如果你是想证明自己很行，当然可以这么说。那什么才是第一等的美德呢？

L（看着他）——友谊。

L——如果这个世界是悲惨的，如果我们处在分裂之中，这并不能完全怪罪于暴君。你和我一样都知道这世上有所谓的自由和正义，有一种深刻而共享的喜悦，总之，一个共同体，一起在对抗暴君。当恶压倒一切的时候就没有问题。当错在对方的时候，所有起来反对他的人都会觉得很自由，心无挂碍。但如果分裂的起因是因为有人也想追求人类的幸福，而且是马上就要，不然就得在三代以内办到，而这就够让他们从此势不两立了。当你的对手也没错时，一场悲剧就开始了。而你也知道悲剧都是怎么收场的？

C——是的，死路一条。

L——是的，死路一条。不过，我绝对不会同意杀了你。

C——我就会同意，如果必要的话。我的价值观就是这样。而且从这点我可以看出你根本不晓得什么是真相。

L——从这点我可以看出你根本不晓得什么是真相。

C——我看起来像打赢了，因为我还活着。但我唯一的救兵是我身为人的意志，我和你们一样见不到天日。

剧终。L的尸体被抬进来。一个党人待以很轻薄的态度。没有人作声。C："这人为了我们的理念而壮烈牺牲了。我们应该要尊敬他，替他报仇[1]。"

C——你们看，看看这片黑夜。无边无际。它在人间这些惨烈的战争上方转动着它无声的星辰。然而这片固执于沉默的天空，数千年来却一直受到你们的尊崇，你们也愿意接受自己那些微不足道的情爱、欲望和恐惧，在神的面前一无是处。你们一直相信人只能靠自己。而今天如果要你们做出同样的牺牲，但这次是为了人类的福祉，你们会愿意吗？

C——别以为我的灵魂什么都看不到。

L回来了，负伤。

C——你应该过去才对。

L——不可能。

C——既然你回得来，就表示你过得去。

---

1　原稿此处字迹已模糊难辨，最后几个字仅为编者的判读。——原编注

L——不可能。

C——为什么？

L——因为我会死。

X——那也不该是您自己去。

C——我是这里的领导人，一切由我决定。

X——正因如此，所以我们需要您。我们来这里不是为了什么壮举，而是为了效率。有效率的条件是拥有一个好的领导者。

C——很好，X。我不太喜欢对我有利的真相。所以我还是要去。


女人——那到底谁是对的？

中尉——活下来的人。

一个男人进来。

——他也一样，死了[1]。

啊！不，不！我很清楚谁才是对的。是他，没错，呼吁和解的他。

❧

反抗。

---

1　手稿上这四行是后来用铅笔加上去的。——原编注

集体情感现在变得比个人情感还要重要。人再也不知道如何去爱。如今令他们感兴趣的，是人类的处境，而不再是个人的命运。

❧

自由在个人情感中排名最后。这就是为什么今天它被视为不道德。无论是在社会中，或更确切地说连它自己，都是不道德的。

❧

哲学是暴露狂的当代形式。

❧

30 岁那年，我几乎是在一夕之间成名的。对此我并不感到怀念。后来我甚至觉得那像一场噩梦。现在，我知道这是什么了。根本没什么。

❧

三十篇文章[1]。说它好的跟说它不好的一样差劲。几乎只有一两个意见是诚恳或有被感动到的。声名！充其量不过是场误会。但我不会摆出一副鄙视它的高姿态。它也是人的一种记

---

1　指《卡利古拉》演出后的评论文章。——原编注

号，不会比他们的漠然，比友谊或比憎恨来得重要或不重要。总之这些能奈我何？这场误会，对那些懂得处之泰然的人来说，是一种解放。我的野心，如果我有的话，是在别的层次上。

ೞ

## 11 月—— 32 岁

人最自然的倾向，是自我毁灭而且把全世界也拖下水。想当一个正常人得费多大的力气！遑论那些立志要自我克制并克制精神的人得更加倍地付出多少。人本身并没有什么价值。他不过是一种无止尽的可能性。但他必须无止尽地为这样的可能性负责。人自己会去削弱自己的力量。但他的意志、良知和冒险精神会占上风，于是可能性开始增加。没有人可以说自己已经到达了人的极限。过去这五年让我学会了这些。从野兽到殉道者，从恶灵到无望的牺牲，每一个见证都令人惊心动魄。人最大的可能性、他最终的美德，需由我们每个人在各自身上去探索。当人类知道自己的极限之后，神的问题就会被提出来了。但不会是在此之前，在人类将可能性发挥到淋漓尽致之前。人类的各种壮举，可能只为了一个目的，那就是让人得以繁衍下去。但先让自己成为自己的主人吧。

ೞ

悲剧不是一个解决的办法。

❧

帕兰。上帝不是被他自己造出来的。而是被人的傲慢。
理解即创造。

❧

反抗。如果人无法调解正义与自由，那他什么事也都做不成
了——那么，宗教才是对的吗？不，如果他能接受近似值的话。

❧

需要好几卡车的鲜血和数个世纪的历史，才能让人类的情
境产生一点肉眼无法察觉的改变。法则就是如此。多少年来，
人头冰雹般地掉落，经过恐怖统治，革命的呼声，到最后只是
把合法的君主政体换立宪的君主政体。

❧

我的整个青年时期是在自认为无辜的想法中度过的。换句
话说也就是没有任何想法。今天……

❧

我并不适合从政，因为我无法去期待或接受对手的死亡。

❧

我能够创作，靠的是持续不断的努力。我的本性是在静止中前进。我最深沉、最确定的倾向，是沉默和日常生活。我必须花上许多年的执着，才能免于分心，免于在不知不觉中受到诱惑。但我知道这样的努力可以让我屹立不倒，而如果我有任何片刻的怀疑，我就会坠入万丈深渊。就是这样，所以我可以不受病痛和遁世念头的干扰，奋力昂首地呼吸和克服。这是我绝望的方式，也是我疗伤的方式。

❧

我们的任务：创出普世性，不然至少也是具有普世性的价值。为人把他的大公性（catholicité）找回来。

❧

历史唯物论[1]、绝对决定论、对一切自由的否定以及这个勇气与沉默的可怕世界，这些都是一种无神哲学最理所当然的

---

1　这一段可和《反抗者》第五章中《历史的杀人》（*Le meurtre historique*）一节对照阅读。——译注

结果。帕兰在这点上是对的。如果上帝不存在，就什么都不许了。但基督教对此并未轻易就范。因为，它会坚持用一种创造出来的历史来反对神，将历史神圣化，并去追问人的存在处境是怎么来的等等。不过它的回答不是在理性思考中找到的，而是来自某种需要信仰的神话学。

　　两者之间该如何取决？我内心有个东西告诉我，劝我说除非是胆怯懦弱、自甘为奴并连亲生母亲和信奉的真理都不认了，否则无法对时代漠不关心。我不能这么做，或像基督徒那样，去从事一种既诚恳却有限度的投入。不是基督徒的我，必须坚持到底。但坚持到底就意味着非选择历史不可，随之而来的就是杀人——如果这是一种历史的必然的话。否则，我就只能当个见证人。问题于是来了：我可以只当证人吗？换句话说，我有权只做个艺术家吗？我认为不行。如果我不做出选择，那么我就得闭上嘴巴并甘愿受到奴役。如果我同时选择了与上帝和历史作对，我就成了纯粹自由的见证人，而这种人在历史中只有死路一条[1]。以目前的情况来看，我的处境不是闭上嘴巴就是死。如果我选择自我克制并相信历史，我的处境将会是谎言和杀人。除此之外就是宗教了。我现在可以理解人们何以要盲目地投入宗教了：为了逃避这种疯狂状态和残酷的撕

---

1　否则就是利用受欢迎艺术家的身份取得物质上优势来骗人（作者加注）。——原编注

裂（没错，实在非常残酷）。但我无法这么做。

后果：身为一个仍热爱自由的艺术家，我有权去接受因这种态度而来的、在金钱和声名上的好处吗？答案对我来说很简单。我总是可以在贫穷中找到那些让我的罪恶感——如果真有的话——至少不要抬不起头来，并维持自尊的必要条件。但我的孩子也该跟着我吃苦，而我连生活中最起码的舒适也不能提供给他们吗？在这样的情况下，人类最简单的任务和义务，譬如养育下一代，我是不是就不该接受了呢？推到极点，不信神的人可以有小孩，足以去承受人的处境吗？[1]（加上中间的推论）

如果我对这个令我觉得丑陋且可憎的世界让步，如果我还能够相信人的任务就是去创造幸福，这一切将变得多简单啊！至少保持沉默，沉默，沉默，直到我觉得自己可以……

৵৵

创世修正版。

德军占领期间：捡骡粪的人。郊区的公园里。

圣艾蒂安的迪尼耶尔（Dunières）：工人和德国士兵同在一个车厢中。有人丢了刺刀。于是士兵不让工人在火车开到圣艾

---

[1]　然而我既对此一处境如此厌恶，感到无法负荷，我还能说自己真正承受过它吗？我这颗难以忠实的心，是否值得这样的矛盾呢？（作者加注）。——原编注

蒂安前下车。一个该在菲尔米尼下车的大个子。眼泪几乎夺眶而出的愤怒。疲倦的面容上，有着更加残酷的受辱的疲惫。

❧

我们被责成在上帝和历史之中抉择。所以才会有如此强烈的渴望想要选择土地、世间和树，如果我不是那么确定人类不等于历史的话。

❧

整个哲学就是在证明自己。唯一有原创性的哲学想必是要去证明别人的那种。

❧

反对介入文学。人不光有社会性。至少他的言语是自己的。我们被训练成向着他人而活。但人却只会为自我而死。

❧

反抗美学。蒂博代[1]论巴尔扎克："《人间喜剧》是对圣父

---

1　蒂博代（Albert Thibaudet, 1874—1936）：法国文学批评家，以严谨和原创性著称。——译注

的模仿。"反抗的主题，巴尔扎克对法外之徒的看法。

❧

百分之八十的受刑人出狱后会离婚。人类的爱情有百分之八十抵抗不了五年的分离。

❧

托马。"呃……我刚说什么？总之等一下我还是会想起来……反正，鲁普（Roupp）是跟我说：没错，我是拳击教练。我也可以指导画家。所以，如果你愿意的话……可我不愿意。后来，鲁普问我要不要跟他来巴黎。我当然就接受了。我现在吃都在他家。他帮我在旅馆租了一个房间。他付的钱。现在他催我工作了。"

❧

X：一种谦逊且好善乐施的撒旦教。

❧

一出探讨恶的问题的悲剧。最优秀的人，如果他只对人有用的话就该下地狱。

❧

"某些人之所以让我们喜欢，主要不是出于他们对我们好，而是我们对他们好。"错！我们顶多是两者一样喜欢。而且这也不是什么坏事。自然而然地，我们就会去感激那些给我们机会的人，让我们至少当一次比自己本性更好的好人。所以，让我们推崇而敬重的是一种对人更好的看法。

❧

一名共产主义者或者基督徒（若只举出两个现代思潮中最令人肃然起敬的名词）凭什么指责我是悲观主义者？人的悲惨境遇又不是我发明的，神的可怕诅咒也非我所为。我也没说过人无法自救，也没说过他已经堕落到谷底，最后的一线希望是上帝的宽恕。至于所谓的马克思主义的乐观思想，我忍不住想笑。很少有人能将对同类的不信任发挥得比他们还淋漓尽致。马克思主义者既不接受说服也不相信对话。我们不可能让一个资产阶级变成工人，而经济条件在他们各自的世界里是比任性的天意还可怕的宿命。

至于埃里奥先生以及《年鉴》的那批读者[1]！

共产主义者和基督教徒会对我说，他们的乐观主义看得较长远，凌驾一切，而他们的辩证法在上帝或历史——视情况而定——之中得到了差强人意的实现。我也可以做出同样的推论。如果基督教对人性是悲观的，那么他们对人的命运是乐观的。对人类命运和人性都很悲观的马克思主义，对历史的运行却是乐观的（这也是它矛盾之处）。我认为我自己虽然对人类的处境悲观，但对人性却是乐观的。

他们怎么会看不出对人类如此有信心的呼声乃前所未见？

我相信对话，相信真诚。我认为此二者是通向一无与伦比之心理革命之大道。

❧

黑格尔。"唯有现代城市能为性灵提供一块可以认识自己的土壤"。有意思。这是一个大城市的时代。我们把这世界一部分的真相给切除了，亦即它之所以永恒和稳定的那一部分：大自然、大海，等等。现在只能在街上找到感觉！

（参考：萨特。所有的现代历史哲学，等等。）

---

1　埃里奥（Édouard Herriot, 1872—1957）：法国第三共和知名右派政治人物，《年鉴》（Annales）是他所赞助的保守派文学政论杂志。——译注

❧

反抗。人类为自由所做的努力及其常见的矛盾：纪律，然后自由便死于自己之手。革命必须接受它本身的暴力成分，否则便会失去存在价值。所以革命没有办法干净，鲜血和阴谋缺一不可。我的努力：证明反抗理念不接受流血与算计。而一直推到荒谬程度的对话，让干净的革命有了一线曙光——透过将心比心？（一起受苦）

❧

鼠疫。"别太夸张了，"塔鲁说，"有鼠疫，就得去防治，我们做的就是这个而已。说真的这根本没什么，何况无论如何这也不能证明什么。"

飞机场离市区太远了，无法有固定航班。他们只用空投的方式递送包裹。

塔鲁死后，里厄接着收到妻子死讯的电报。

鼠疫和四季的步调一致。它走过萌芽的春，度过它的夏和秋，等等……

❧

给吉尤[1]："人类所有的不幸皆来自于他们不说简单的言语。如果《误会》的男主角一开始就说：'就是我，我是您的儿子'，对话便可能成立，而不会再像剧中那样地空转。悲剧就可以避免，因为一切悲剧的极致都在于主角们无法去倾听。就这点来看，苏格拉底又比耶稣和尼采来得有道理。进步与真正的伟大是在人的高度上所进行的对话里，而不是那种受到一座孤独高山上的指示而写成的独白式福音书。这就是我迄今为止的心得。能够和荒谬分庭抗礼的是一群向它挑战的人。如果我们选择为这群人效力，就是矢志为对抗一切谎言或沉默策略而展开对话，直到荒谬的程度。如此我们在他人面前便得以自由。"

❧

界线。于是我主张有些奥秘应该要加以编号并深思之。如此而已。

❧

圣茹斯特："所以我认为人应该要有狂热。这对常识和智慧

---

1　吉尤（Louis Guilloux, 1899—1980）：法国小说家，以工人阶级为写作题材，作品深具人性关怀。加缪曾为他的《人民之家》（*Le maison du peuple*）写过前言。——译注

一点妨碍也没有。"

৩৩

一个思想若要改变世界，就得先改变支持者的人生。这人的人生必须成为榜样。

৩৩

12岁那年，她被一个马车夫占有了。就一次。但她后来一直有种被玷污的感觉，直到17岁。

৩৩

创世修正版。德军占领期间维德罗（Verdelot）的两个犹太人。挥之不去的被捕恐惧。她终于因此失去理智，跑去揭发他。两人被发现时已经一起上吊死了。那母狗哭了一整夜，就像最常见的连续剧剧情。

৩৩

创世修正版："人们总是对我说一碰到可以逃走的机会就得立刻把握。无论什么样的危险都比接下来要碰到的好。'旦留下来坐监狱，等着被虐待，要比逃亡容易多了。因为逃亡必须目

169

己主动。当囚犯是别人主动。"

❧

同上。"老实说好了，我不相信有盖世太保。因为从来也没有人看见过他们。当然，我也知道要小心，可以这么抽象式地说。偶尔，会有朋友突然不见。那天，在圣日耳曼德佩，我看到两个大个子用拳脚把一个人推进计程车。没有人敢说什么。一个咖啡馆的服务生对我说：'别出声。是他们。'这的确让我开始担心他们真的存在，万一有天……但只是怀疑罢了。事实是，除非他们真的在我肚子上踹了一脚，否则我就无法相信盖世太保的存在。我就是这种人。所以您千万别以为我有多勇敢，只因为，像人家说的，我是抗德组织的人。不，我配不上这样的声望，因为我没有想象力。"

❧

反抗策略。"悲观的革命就这样让快乐产生了变革。"

❧

悲剧。C. L. C.。"我的做法才是对的，所以我可以杀了他。我没办法去注意这样的细节。我是根据世界和历史思考的。"

L.——当细节指的是一条人命时，对我而言即是全世界和全部的历史。

৵৵

现代疯狂的源起。是基督教让人背离这个世界的。人于是被化约到只剩下自己和个人生命史。共产主义是基督教的必然后果。这是一个基督徒的历史。

同上。身体经过两千年的基督教，也开始反抗了。要足足等上两千年，我们才能重新在沙滩上将身体裸露。会露过头也是其来有自的。身体也找到了它的用途。就差尚未重新寻回它在哲学和形而上学里的位置而已。这是时代动荡的其中一面。

৵৵

魏尔德（Albert Wild）对荒谬的中肯批评："焦虑的感受和自由的感受是无法兼容的。"

৵৵

希腊人把人的神性考虑进来了。但神性并非一切。

৵৵

"你们的话，是，就说是；不是，就说不是；若再多说，就是从恶里出来的。"《马太福音》5：37。

171

❧

　　库斯勒[1]。极端教条："任何反对独裁的人都必须接受以内战为手段。任何面临内战而却步的人，必须放弃反对，接受独裁。"这正是标准的"历史"思维。

❧

　　同上。"它（党）否定个人的自由意志——但同时又要求他心甘情愿地自我牺牲。它不让他可以在两个办法之中选出一个，却又同时要求他一定要选对。它认为他没有能力分辨是非——同时又用一种悲怆的语调来谈论罪恶感和背叛。个人——一座为永恒而上紧发条的时钟里的齿轮，没有什么可以影响他或让他停下——乃受到经济宿命之摆布，而党对这些齿轮的要求是他们必须起来反抗这座大时钟，并改变它的机械结构。"标准的"历史"矛盾。

❧

　　同上。"我们这种人会碰到的最大诱惑，就是扬弃暴力，忏

---

1　库斯勒（Koestler, 1905—1983）：原籍匈牙利的英国作家，犹太人，曾参加共产党，后因反对斯大林的独裁而转向自由主义，20 世纪 40 年代著名的反共小说《正午的黑暗》（*Darkness at Noon*）即出自他手。——译注

悔，不再和自己过不去。对人类来说，上帝的诱惑一向比撒旦的诱惑更危险。"

❧❧

爱情小说：杰茜卡。

❧❧

一名老演员之死

巴黎，一个布满积雪和泥泞的清晨。城里最古老也最凄凉，人们在那儿盖了"康健"、"圣安"和"果山"的一个街区里[1]。沿着那些黑暗而冰冷街道两旁的尽是些疯子、病患、穷人和死刑犯。至于果山：贫病的大本营，那些肮脏的墙上淌着的，正是不幸的污垢。

他就是死在这种地方。他过世前，还在演一些"衬角"（剧场人士都这么叫），拿他唯一那套磨到都露线泛黄的黑色西装，去换几件或多或少还亮晶晶，即使是演出次要角色也该有的戏服。他不得不暂时停止工作。他只能喝牛奶，不过反正也没牛奶给他喝。他被送到果山去时，还跟朋友说人家要给他开刀，

---

1　"康健"（La Santé）是监狱名，"圣安"（Sainte-Anne）是精神病院，"果山"（Cochin）则是一座教会办的救济医院。——译注

开完刀就没事了（我想起他有句台词："当我还是小孩子的时候"，然后针对人家给他的一个舞台指示："啊！我的感觉倒不是这样"）。结果医院不但没给他开刀，还要他出院，跟他说他已经好了。他甚至还重回舞台演出他最近在演的那个滑稽小角色。但他瘦了一圈。有件事我一直觉得很奇怪，那就是人一旦消瘦到某个程度，一旦他的颧骨和牙龈以某种方式凸出来和凹下去，这人大限不远就很清楚了。而唯一"搞不清楚状况"的，就是那个瘦下去的人。或者，也许他"清楚状况"，但只有在刹那之间，这我自然无从得知。我知道的就是我看得到的，而我很清楚地看出利斯（Liesse）就要死了。

他真的死了。他后来又无法演出。又回去果山。还是一直没开刀，但他不用这样就死了——在一个完全看不出端倪的夜里。一早，他太太照样到医院探视。院方没有人事先提醒她，因为他们也完全不知情。最后是旁边病床的病人跟他太太说的："您知道，"他们说，"这是昨天夜里发生的。"

于是今天早上，他就被抬到那个面对康健街的小太平间去。在场的还有他的两三位老朋友，遗孀和遗孀那个不是跟他生的女儿。我赶到的时候，听到礼仪师（奇怪他们为什么要像市长那样挂一条蓝白红的三色肩带？）说还可以进去看他。我并不想，我还没能把贴在我心坎上的这片麻疯般顽强的清晨吞下去。但我还是进去了。他身上盖着一块布，只有头露出来。看起来又更瘦了——我还以为他那样子是不可能再瘦下去的。但他的体重仍然持续往下掉，现在连骨头粗细都看得出来了。我们可以想象这颗嶙峋而粗大的头颅原是为了支撑多少重量的肌肉。肉没了，牙齿凸出来，恐怖……但我要描述这个吗？死人就是死人，大家都知道死人长什么样子，应该把他们全都埋在一起。真可怜，但是多么可憎地可怜！

那几个站在他脑袋旁边，双手按着棺材边缘，好像要将他介绍给访客的男人，这时开始启动了。说启动是恰如其分，因为这些套着粗劣衣服，动作笨手笨脚、僵硬不自然的机器人，突然开全速扑向裹尸布、棺盖和一支螺丝起子。一秒不到盖子就盖好了，两个男人粗暴地转动前臂，倾全力地把螺丝栓紧。"哈！"他们好像在说："你出不来了！"一看就知道这群活人只求耳根清净。他们把他抬起来。我们跟在后面。遗孀和那女孩跟着棺木一起上了灵车。其他的人则全挤进另外一辆，尾随在后。一朵花也没有，全部黑的。

我们要去蒂艾的公墓。他太太觉得太远，但行政机关让她没得选。我们走意大利门（porte Italie）出城。我从未在巴黎郊区看过这么低的天空。几顶茅屋，几条木桩，一片稀疏的黑色植被从绵延的雪堆和泥沼上冒出来。就这样走了六公里之后，我们终于来到世界上最丑陋墓园的气派大门前。一个满面通红的守门人过来挡住车队，跟我们要入场券。"去吧！"东西到手后他便这么说。我们又在雪堆泥堆中绕了十几分钟。然后就被另外一支送葬队伍挡住了。当时我们和墓圃之间只隔了一道雪堆。上头斜斜地插了两根十字架，其中一根给列思，另外那根，就我看上面写的，是一个 11 岁的小女孩。原来我们前面的队伍是来送小女孩的。只见那家人正在重新坐上灵车。他们的车子发动后，我们又继续往前移动了几米才下车。看到这一幕，几个穿蓝衣服和防水靴的壮汉便扔下手中的铲子，走过来开始将棺木从车上抬下。就在这个时候，突然冒出一个邮差似的人，身穿红蓝色衣服，头上一顶压扁的军帽，手里拿着一本里面夹着复写纸的清册。那些水沟工于是大声地把棺材上刻着的号码念出来：3237C。邮差用他的铅笔尖在清册上一行一行地找，然后指着其中一个号码说："好"。此时棺木已经被抬了过去，我们也进去墓圃里，脚下踩着又油又黏的烂沙泥。已经挖好的地洞四周还有四个其他的坑。工人们一下就让棺材滑进洞里。但我们却全都还离得相当远，因为还有其他的坟挡住，而且坟跟坟中间的狭窄通道上堆得都是工具和泥土。棺木在墓穴里摆妥后，一阵静默接踵而来。大家面面相觑。现场没有神父，没有花，也没有人说出一句安慰或怀念的话。然而大家都觉得这种时候应该要更庄严一些才对——应该要做点什么，只是没有人晓得该如何。这时有个工人说："如果各位先生女士想扔把土……"那遗孀听了，做了个"好"的手势。工人于是拿铲子挖了一抔土，然后从口袋里掏出一支刮刀在铲子里刮了一点。遗孀伸手隔着土堆把刮刀接过来，然后不是很有把握地往那地洞的方向一甩。棺材上传出一声闷响。不过她的女孩儿就没扔准。那把土从地洞上飞过去。女孩比了一个"拉倒"的手势。

账单："用一个让人眼珠子要掉下来的价钱把他葬在烂泥地里。"

您知道，这里是专埋死刑犯的坟场。

拉瓦勒[1]就在不远处。

❧

小说[2]。如果晚上的汤来晚了，就表示隔天清晨会有处决要执行。

❧

奥坎波[3]去到白金汉宫。门口的警卫问她有何贵干。"来看

---

1 拉瓦勒（Pierre Laval,1883—1945）：法国政治人物，二战期间曾任维希政府总理，战后被捕受审，因叛国罪被处死刑。——译注

2 以下为加缪在美期间（1946 年 3—5 月）所写的笔记，以《北美洲之旅》（*Le Voyage en Amérique du Nord*）为题另行出版，收录在 1978 年的《旅行日志》（*Jounaux de voyage*）中。——译注

3 维多利亚·奥坎波（Victoria Ocampo, 1890—1979）：出身大资产阶级的阿根廷女作家，杂志主编。——译注

女王。"请过。"看门的（？），同问。"请过。"来到女王的住所。"请乘坐电梯"等等。她就这样见到了女王，未曾遭到任何其他的质疑。

❧

纽伦堡。废墟下面有六万具尸体。水不能喝。但那水让人连下去泡的欲望也没有。那是停尸间的水。腐烂的上面正在举行大审。

用人皮做成的灯罩上可以看见一个纹在两个乳房之间年代极其久远的舞娘。

❧

反抗。开头："唯一真正严肃的道德问题是杀人。余者自然迎刃而解。但知道自己可不可以杀死眼前的另外一人，或同意他被杀，知道自己在知道可不可以取人性命之前什么都不知道，这些都是要学的。"

人们总是想把我们推进他们的结论里。他们如果对你有所评断，背后一定有他们自己理念上的盘算。对我来说，我并不在乎别人怎么看。我只想知道自己可不可以杀人。因为你已经来到没有任何思想能够超越的极限，所以那些人又开始摩拳擦掌了。"看他现在要怎么办？"，一面抱着他们的真理枕戈待旦。但我认为自己并不在乎那些反对我的人，我不想当个哲学天才。我连个人都当不好了，遑论天才。我想找到一个平衡点，如果我不能自杀，那我可不可以杀人或眼看着他们被杀呢？我想找出答案，并归结出所有的后果，即使我会因此成为众矢之的。

❧

听说我缺乏的是一种人文主义。我当然不反对人文主义，我只是觉得它不足，如此而已。譬如，希腊思想跟人文主义就是两回事。那是一种能够容纳一切的思想。

❧

恐怖统治时期[1]！而他们已经不记得了。

❧

正义小说[2]。

（1）贫苦童年——不正义乃自然现象。首次暴力

---

1　恐怖统治时期（Terreur），指法国大革命时由雅各宾党专政的时期，从1893—1894年，期间雅各宾党为了巩固政权而实施高压统治，期间估计有五十万人被捕，十万人遭到杀害。——译注

2　这一段是由编者整理出来的。——原编注

行为（打架）、不正义和叛逆的青少年期。

（2）土著政策。党（等等）。

（3）普遍的革命（en general）。

不会考虑原则问题。战争和抵抗。

（4）肃清。正义无法与暴力并存。

（5）真理只有在真实的生命中才行得通。

（6）回归母亲。教士？"不用了。"她没有说不。

但其实不用。他知道她永远不会去麻烦别人。

即使死了也……

各种爱

❧❧

**反抗和革命**

神话般的革命是决定性的革命。

同上。历史性无法解释美的现象。亦即人与世界的关系（对自然的感受），以及作为个体的人与人之间的关系（爱）。该如何看待那所谓的绝对解释……

❧❧

同上。德国思想曾很努力地要用人类处境的概念来取代人类天性者，亦即以历史取代上帝，以现代悲剧取代古老的平衡。现代存在主义则更进一步将天性中的那种变化莫测导入处

境的概念中。到头来不过是种更迭罢了。而我跟希腊人一样相
信自然。

∽∾

《鼠疫》。我这辈子，没有过这样的挫败感。我甚至不确定
自己可以坚持到底。然而，在某些时刻……

∽∾

引爆一切。用宣传册子的形式来写反抗。革命和那些永远
不会杀人的人。鼓吹反抗。一步都不要退让。

∽∾

梅尔维尔："这是多么荒谬、无法想象之事，一个作者无法
——没有任何一个可以想象的情况能够让他——对他的读者说
真话。"

∽∾

从新古典主义的观点来看，《鼠疫》应该是第一本企图将某
种集体情绪具体化的小说。

∽∾

关于《鼠疫》，参考笛福《鲁滨孙》第三卷前言：对鲁滨孙·克鲁索其人及其惊奇历险之严肃反省："用另外一种形式的禁闭来表现某种禁闭，其合理性并不亚于通过一不存在的事物来表现任一真实存在的事物。我若采用了常见的方式来描写一个人的个人经历……我所说的一切并不会为您排除任何的忧闷。"

❧

《鼠疫》是一本宣传册子。

❧

如何学会在沙漠中死去！

❧

卢尔马兰[1]。如此多年来的第一晚。昌贝隆山脉上方的第一颗星星，巨大的沉静，那扁柏树梢在我的疲惫深处轻颤。庄严而肃穆之乡——尽管它那撼动人心的美。

❧

---

1　卢尔马兰（Lourmarin）为位于法国普罗旺斯区的小镇，加缪曾受作家博斯科（Henri Bosco）之邀，和几位写作的朋友一起前往卢尔马兰作客。他获诺贝尔文学奖后曾在镇上购屋。卢尔马兰也是加缪车祸身亡后的长眠之地。——译注

　　纳粹集中营生还者在卢尔马兰遇见德国囚犯的故事。"他第一次被打是在接受讯问的时候。这多少是正常的，基于状况特殊。但后来他在集中营里因为一个勤务上的小错而被狠狠甩了两个耳光，这才是一切的源头。他从那个打他的人的眼睛里，了解到这就是每天要过的日子，是正常、自然的……"他试着对德国囚犯解释这一点。但对方是个囚犯，不能跟他谈这个。德国人最后没了，他以后永远没机会了。细思之下，他认为没有任何人有足够的自由来说明这点。他们全都是囚犯。

　　某次，在集中营里，有人为了好玩让他们去挖了自己的坟坑，后来又没处决他们。整整两个小时，他们以一种全新的观点铲着黑土，看那些树根。

৵৻

"此乃无死之亡与毫无进展

唯能如此般摆荡

在噩运那狭隘暗黑的腹内。"

阿格里巴·多比涅

৵৻

反抗。第一章。论死刑。

同上。结论。于是，从荒谬出发的反抗行动一定会在某一

183

点上变成某种有待定义的，对爱的体验。

❧

小说。贫困的童年。

"我对自己的贫困和家人（但那是一群怪物！）感到羞愧。而今天如果我能够轻易地承认这些，那是因为这样的羞愧再也不会让我汗颜，我也不再因为有这种感受而自惭形秽。我是一直到人家让我上了高中以后才知道何谓丢脸。在那之前，所有的人都跟我一样，穷对我而言就像这世上的空气一般。上了高中以后，我终于晓得什么是高和下。

"一个小孩自己什么都不是。人家看的是他的父母。长大之后，导致我们产生这些丑陋情感的形势就会少很多。因为长大后人家看的是这人本身如何，他们甚至会拿你后来的表现来评断你的家人。现在我明白当年我需要的是一颗特别纯粹的英雄之心，才能在见到一个比较有钱的朋友脸上因发现我住的房子而不禁流露出惊讶的表情时不受到伤害。

"是的，我过去的心地并不美好，这很常见。而如果我在25岁以前只能用一种恼羞成怒的心情来承受对这颗坏心的记忆，那是因为我还在拒绝当个普通人。而今我已经知道自己就是个普通人，并觉得这样也没什么好或不好，我的注意力于是可以转移到别处了……

184

"我在绝望中爱着我的母亲。我一直在绝望中爱着她。"

❧

形而上意义的抵抗观念。

❧

处理这个世界对我造成的伤害。因为受过伤所以瞧不起一切，尽管这不是我的本性……这种次等的状态……

❧

马查多[1]。"地底下棺材发出声响是件很严重的事。"

"主啊，我们很孤单，我的母亲和我的心。"

"当我最后的旅程来临那天，

当那船将一去不返，

你会看到我在船上，带着简单行囊，

几乎赤裸，一如海的儿郎。"

❧

---

1　马查多（Antonio Machado, 1875—1939）：西班牙诗人，19世纪末西班牙文学运动"九八年一代"的代表人物。——译注

翻译胡安·德·迈雷纳[1]的讲词。

一个非洲说书人？

❧

基督教中唯一曾正视过恶的问题的伟大心灵是圣奥古斯丁。他的结论是那可怕的"无善"（Nemo Bonus）。基督教从此对这个问题只能治标不治本。

结果出来了。因为是结果。人们花了很多时间才明白过来，他们到今天还在被一种中了两千年的毒所毒害着。无论是对恶感到愤怒或顺从，到最后还不是都一样。但至少他们再也无法忍受关于这方面的谎言。

❧

1861年2月19日。俄国宣布取消农奴制度。1866年4月4日卡拉科佐夫[2]开了第一枪。

见赫尔岑[3]小说《谁之罪》。

---

1　胡安·德·迈雷纳（Juan de Mairena）为马查多作品中的虚构人物，是个诗人哲学家。——译注

2　卡拉科佐夫（Dmitry Karakozov, 1840—1866）：旧俄时代第一个企图刺杀沙皇的革命者。——译注

3　赫尔岑（1812—1870）：俄国哲学家，作家和主张西方主义的政论家。——译注

同上。《论俄国革命思想的发展》。[1]

❧

我喜欢入世之人更胜于入世文学。有勇气的人生和有才情的作品，其实就已经不错了。再说作家入世必须他自己愿意。他之可取，在于他的信念。但若是非要成为一条律法、一种职业或一股恐惧时，可取之处究竟为何？

今天似乎连写一首关于春天的诗都是在为资本主义服务。我不是诗人，但一首春天的诗如果写得好，我读来一定会真心地感到快乐。一个人可以为全人类造福或全然无益。如果人需要面包和正义，如果必尽力来满足这样的需求，那么人也需要纯粹的美，因为这是他心灵的面包。余者皆可有可无。

是的，我但愿他们不要在他们的作品中那么入世，而是在他们每天的生活中多入世一些。

❧

存在主义保留了黑格尔主义最基本的错误，亦即将人化约为历史。但并未保留它的结论，事实上那就是拒绝给人任何自由。

❧

---

1　为《正义者》和《反抗者》而进行的阅读。——原编注

1946 年 10 月。再过一个月 33 岁。

一年来我的记忆一直在流逝。我现在记不住人家跟我讲过的事情——也想不起昔时一幕幕尽管曾经很生动的情景。在这获得改善之前（如果能够改善的话），显然我应该要在这里记下更多的东西，甚至是私事，也得认了。因为这些到最后对我来说都会变成雾茫茫的一片，遗忘于是战胜了我的心。这颗心现在只剩下一些短暂的热情，缺乏那种来自记忆的悠悠回音。狗的感受力就是如此。

❧

《鼠疫》……"我每读到历史上关于某次鼠疫的记载，一颗心总是会深受自己的义愤和他人的暴行所苦，而从这样的心底也总是会响起一个很清楚的声音，对我来说人性中的高贵应该还是多于龌龊。"

……"而每个人身上都有鼠疫，因为这世上的人，没有一个能够幸免[1]。我们必须随时提高警觉，不可有分秒的大意，把气吐到别人脸上，让他被感染。自然界本来就有细菌。其余像健康、完整，您要说纯粹也行，都是意志力的关系，一种不可以停下来的意志力。正直的人，也就是那些不会传染给别人

---

1　《鼠疫》里塔鲁说的话。——原编注

的人，正是最小心谨慎之人。

　　"没错，当混账是很累的。但不想当混账会更累。这就是为什么所有的人都很累，因为大家都有点混账。但也正因为如此，有些人会累到极点，除了死没有别的解脱办法。"

✵✵

　　自然而然地，我感兴趣的不是如何比别人优秀，而是被接受。既然没有人会接受任何人。他们曾接受过我吗？没有，很明显地。

✵✵

　　诊所里等着看病的那些人看起来好像一群待宰的畜生。

✵✵

　　里戈[1]。"榜样是从上面来的。上帝依照他的形象创造了人。符合此一形象对人来说是多么大的诱惑。"

　　"解决办法、答案、线索、真相，就是被判处死刑。"

　　"这人骄傲自大，所以什么都不怕。"

　　"我越是不在乎，我的关怀就越真。"

　　"两者任选其一。不发言或不沉默。自杀。"

---

1　里戈（Jacques Rigaut, 1898—1929）：法国超现实主义诗人，药物成瘾，作品中对自杀多所探索，30 岁自杀身亡。——译注

"只要我尚未能克制自己对享乐的欲望，我对自杀所带来的晕眩就不会无感，这点我非常清楚。"

❧

和库斯勒对话。不可以为了达到目的而不择手段，除非两者孰重孰轻的排序是合理的。譬如：我可以派圣埃克苏佩里去出一趟能够拯救一整个军团的死亡任务。但我不能把好几百万人送进集中营并禁止一切的自由，借口是为了某种数量相当的结果，是为了替已被事先牺牲掉的三或四代后的人着想。

"天才。没有这回事。"

"创作者的大不幸就从人家承认他是个天才的那一刻开始（我再也没有勇气出版自己的书）。"

❧

有时候我觉得再也无法忍受对立了。当寒霜满天，而大自然中无一物可让我们倚靠时……啊！也许死了好些。

❧

续前。一想到给《战斗报》写的稿子便令我痛苦万分[1]。

---

1　这篇稿子指的大约是 1946 年 11 月刊登的《不是受难者，也不是刽子手》（ *Ni victimes ni Bourreaux* ）。——原编注

∾

艺术和反抗。布勒东[1]说得没错。我也认为人和世界之间并没有裂痕。有些时刻人可以和原始自然取得和谐。但大自然从来就没有原始过。但那些风景会离我们远去并遭到遗忘。画家就是这么来的。而超现实运动中的超现实绘画，譬如说，就是人起来反抗上帝创世的一个表现。但它错在只想保存或模仿大自然奇迹的那一部分。真要反抗的艺术家不否定奇迹，他只会去驯化它们。

∾

帕兰。现代文学的本质是出尔反尔。超现实主义者成了马克思主义者。兰波[2]成了虔诚。萨特成了道德。而冲突成了这个时代的大问题。人类的处境成了他的本性。

"但人如果有所谓的本性，那是怎么来的？"

∾

显然我应该停止所有的创作活动，在我懂得如何之前。让

---

1　布勒东（André Breton, 1896—1966）：法国作家，超现实主义创始人。——译注
2　兰波（Arthur Rimbaud, 1854—1891）：法国早慧诗人，放荡的一生充满传奇色彩，对现代文学、音乐和艺术影响颇巨。——译注

我那些书获得成功之处，对我而言正是它们虚构之处。事实上，我不过是个普通人，加上要求很高。如今我应该去捍卫和阐述的价值，是那些普通的价值。这需要一种如此赤裸裸的天分，我很怀疑自己有没有。

❧

反抗的结果是人们的情绪获得平息。一切的反抗都会在确认了人类的极限——以及于极限内某种由所有人类无分轩轾所组成的共同体——之后停止和继续。谦卑和天赋。

❧

10 月 29 日。库斯勒——萨特——马尔罗——施佩贝尔——和我。在皮耶罗·德拉·弗朗切斯卡和让·杜布菲之间。

K ——界定一个最起码的政治道德之必要性。所以首先必须摆脱一定数量的假惺惺（"一些'谬论'"），他说，（a）我们说的话可以对某些我们无法效劳的理念发挥作用。（b）良心检验。不公义的排序。"我在接受访问时被问到会不会对俄国心怀怨恨，我心里有个东西就不肯再往前了。我也尽力了。我说自己对斯大林政权一如对希特勒政权般厌恨，认为两者的起因并无二致。但里头还是有个东西落钩了。""这么多年的奋斗，我还为他们撒了谎……如今落得有朋友跑到我房里用头去撞墙，转过头来满脸是血地对我说：'再也没有希望，再也没有希望了。'"——行动方法，等等。

M——暂时不可能去触碰到普罗大众。难道普罗阶级才是最崇高的历史价值吗？

C——乌托邦。盖一座乌托邦要比发动一场战争便宜多了。乌托邦和战争刚好相反。这是其一。另外一点："大家不觉得我们全都要为价值的缺席负责吗？若说我们本来全都来自尼采主义、虚无主义或历史现实主义，但现在大家出去说我们搞错了，道德价值是存在的，我们会尽一切力量来奠定[1]和阐述这些价值的存在，大家不觉得这么做可以带来一线希望吗？"

S——"我的道德价值无法只反对苏联一个。没错，把好几百万人关进集中营是比围殴一个黑奴严重多了。但围欧黑奴的现象源自一个已经持续百余年的状况，它所代表的不幸其实就是数世纪以来那几百万黑奴，和那几百万被流放到外国去的撒剌克思人（Tcherkesses）的不幸。"

K——我们必须承认，身为作家，面对历史，如果我们不去揭发那些该揭发的，那就是一种不忠了。对那些我们的追随者而言，我们的罪名是在沉默中同流合污。

S——没错。等等，等等。

---

1　手稿此处字迹模糊，也有可能是"保存"（garder）。——原编注

然后在整个对话的过程中，根本无法判定每个人的话中有多少是真实，又有多少是出于恐惧。

❧

如果我们相信道德的价值，我们就能信赖所有的道德，甚至包括性道德在内。改革是全面的。

❧

读欧文（Owen）。

❧

写一个同时代人单凭久久地注视一片风景，心理创伤便得疗愈的故事。

❧

罗伯（Robert）。1933 年时有共产主义倾向而拒服兵役。坐了三年牢。出狱后，共产党也赞成战争，主张和平的全和希特勒成了同一派。他再也搞不懂这个疯狂的世界。他于是加入西班牙的共和军，打仗去了。他最后在马德里前线阵亡。

❧

何谓名人？就是一个他叫什么名字并不重要的人。不然一般人叫什么名字都有专属他个人的含义。

෨෬

人为什么要喝酒？因为在酒中一切都有了分量，一切都向高标准看齐。结论：人因无能和受谴责而饮。

෨෬

世界的秩序并非由上往下建立，换言之不是透过一个概念，而是由下而上，换言之即借由一共同基础，其乃……

෨෬

写一本关于布拉基拉克[1]的政治文集。

෨෬

吉尤。痛苦，是唯一的基准。愿罪人中之最恶者能保有和人的一丝关系。

෨෬

---

1　布拉基拉克（Robert Brasillach, 1909—1945）：法国记者，主张民族主义并鼓吹法西斯运动，二次战后受审因鼓吹与德国合作的通敌罪名被判处死刑，在当时引起争议，因为布氏不同于一般因军事和政治行动致罪的战犯，乃因思想言论而获罪。——译注

那场关于对话的演讲结束后，出来时我碰到了塔（Tar.）。他看来有些迟疑，然而眼中流露的仍是当年我介绍他进入《战斗报》集团时那种友爱神情。

"您现在是马克思主义者吗？"

"是的。"

"那么您会变成一个杀人凶手。"

"我已经是了。"

"我也是。但我不愿意。"

"而且我还是您介绍进去的。"这是真的。

"听着，塔。真正的问题在于：无论发生什么事，我都不会眼睁睁地看着您被枪决。您，您却是那种不得不同意人家对我开枪的人。这点请您想想。"

"我会的。"

❧

无法承受之孤独——对此我既不相信也无法屈从。

❧

让一个人感到孤单的，是别人的怯懦。他也得试着去了解这种懦弱吗？但这已经超出我的能力范围了。更何况，我没办法高高在上瞧不起人。

⤷⤶

　　如果一切真的都可以归结到人和历史，我倒想知道下面这些的位置在哪里：自然——爱——音乐——艺术。

⤷⤶

　　反抗。我们不是随便什么英雄都好。英雄主义的理由比英雄主义本身还要重要。结论的价值于是先于英雄主义的价值。尼采式自由是一种狂热。

⤷⤶

　　创世修正版。恐怖分子（拉维内〔Ravenel〕）的人格。

⤷⤶

　　荒谬和反抗的关系[1]。如果最后的决定是肯定冲突而放弃自杀，这等于默默地承认了生命是唯一真实的价值，活着才能让冲突，那种"除此之外别无所有"的冲突出现希望。因此而有"为取得此一绝对价值，放弃自杀者亦须放弃杀人"的结

---

1　手记手稿中的《反抗者》第一章雏形。——原编注

论。我们的时代由于已将虚无主义的结论推到最极致，所以接受自杀行为。这点从现代人如何轻而易举地就接受了杀人，或杀人有理这事可看出。自杀者尚知维护他人生命的价值，证据就是他从来不会利用自由，或者那种让他决意求死的可怕力量来支配他人：所有的自杀都会有个地方说不通。但恐怖分子会把自杀价值的结论一直推到最极端，成了合法杀人，换言之就是集体自杀。例证：1945 年的纳粹末日。

❧

布里昂松[1]。1947 年 1 月

　　一颗心最后还是让那在这些寒峰上流动的黄昏给冻僵了。我从来就无法忍受这种黄昏时刻，无论是在普罗旺斯，还是在地中海畔的沙滩上。

❧

　　奥威尔。《缅甸岁月》。"许多人到了外国都会不自在，但如果他们觉得自己比当地居民高级时则例外。"
　　"……殚精竭虑之后的成功给人一种无法衡量的幸福感，生命中没有任何身体上或精神上的喜悦足以与此相比。"

---

1　布里昂松（Briançon）为法国东南部阿尔卑斯山区小城，海拔 1326 米。——译注

❧

读西美尔《叔本华与尼采》，尼采评论，由贝赫内利（Berneri，在西班牙对无政府主义者进行肃清时为共产党徒杀害）翻译成英文。论及尼采思想中对上帝的渴慕[1]。"尽管这对我们来说很不可思议而且夸张，但有某种情感会透过极端个人主义的形式显露出来，而这种情感的另外一种形式，其实和基督教所追求的内在生命相去不远。事实上，基督教义就跟我们在面对神时所感受到的无法企及和无比渺小一样，里头都有一种想要等同于他的意念。每个时代和每种宗教中的神秘主义者都会引起这种想与神同在，或者，更具野心地，想变成神的渴望。袘学家有所谓的神化，而对埃克哈特大师来说，人可以摆脱他的人类形体，重新成为神，因为他自己天生即有神性，或者，一如西里西乌斯（Angelus Silesius）所言：

> 我必须找到我最终的目的和我的起源
>
> 我必须在我里找到神并在神里找到我
>
> 并成为他那样……

斯宾诺莎和尼采也感受到了同样的热情：他们无法接受不能成为神。"

---

[1] 后文引号内原文为英文。——译注

尼采说："神不可能存在，因为如果有什么神的话，我无法接受那不是我。"

❧❧

世上只有一种自由，那就是不要和死亡作对。之后，没有什么不可能的了。我不能强迫你相信上帝。相信上帝，等于接受死亡。一旦你愿意接受死亡，上帝的问题就能迎刃而解——反之不然。

❧❧

拉迪西（Radici），民兵，曾入武装亲卫队，因曾下令枪决康健监狱的二十八名囚犯而被起诉（四组人犯行刑时他也在场），是保护动物协会的会员。

❧❧

勒巴泰（Rebatet）和摩根。一右一左——或是广义而言的法西斯：由于缺乏个性，他们于是给自己找了一套教义。

❧❧

以后要用的标题：体系（Le Système）（1500 页）。

❧❧

人类的建设开始逐渐覆盖世界上那些还在沉睡的广袤空间，致使原始自然的概念如今也成了伊甸园神话的一部分了（岛屿已不复存），他们进驻沙漠、占据沙滩，连天际都划上了飞机掠过的长线条，除了人类无法居住的地区以外，再无一处不受他们染指，甚至，同时（由于）人对自然的敏感度也渐渐被他的历史情感掩盖过去，被造者反过来抢了造物者的工作，而这一切背后的那股力量是如此强大而且不可逆转，以至于我们可以想象这么一天的来临：寂静的大自然将全部被丑陋、刺眼、充满革命和好战的喧嚣，弥漫着从工厂和火车头冒出来的烟雾，总之一副历史最后胜利者之姿的人工取代——人于是完成了他在地上的任务，那也许就是证明几千年来一切他所能够办到的惊天动地之壮举，还不如那捉摸不定，来自野玫瑰、橄榄树林或爱犬的气味。

❧

1947

他就像所有的弱者一样，会突然做出决定，而且是毫无缘由地坚定。

❧

反抗美学。绘画是个选择。它用"抽离"的方法来达到和谐的目的。风景画从空间里抽离出那些通常被透视法忽略的东西。风情画则是从时间中抽离出某一将被其他动作淹没的动作。伟大画家（弗朗切斯卡）的作品能予人一种"刚被定住"、好似放映机突然停止运转的感觉。

ﾔﾔ

一出关于女人执政的舞台剧。男人终于承认他们无法胜任，于是将统治大权交给女人。

第一幕——我的苏格拉底出场并决定交出政权。

第二幕——女人想模仿男人的做法——失败。

第三幕——在听取了苏格拉底的建议后，她们以女性的方式统治。

第四幕——阴谋。

第五幕——女人将政权归还给男人。

假装发动一场战争。"你们了解这对留下来的人意味着什么吗？眼睁睁地看着所有我们在这世上所爱的人白白去送死？"

我们现在可以走了。面对人类的愚行，一切我们可以指望在这世上做的我们都做了。——那是什么？—— 一点教育。

"跟我们一样愚蠢，不过没那么坏。"

一年的实验期。

如果一切顺利的话，可以考虑延期。

一切都很顺利但我们不延期了。他们需要恨。

又要重新来过，苏格拉底说。他们都准备好了。伟大思想和历史观点。十年后尸体成堆。

大家注意了：

一个宣读公告的差人。

第一条——消除一切贫富差异。

第二条

——你还出去？

——是的，我去开会。

——我呢，我需要放松一下——保持我家的整齐清洁……

⚬⚬

1947

我何其不幸竟敢思考。

⚬⚬

经过一个星期的孤独，又开始强烈地感到自己对完成那部我曾抱着最疯狂的野心来下笔的作品之不足。放弃的诱惑。若欲长期与一个我无法驾驭的真理奋战，需要一颗更赤诚的心，更恢宏深刻的智慧。但该怎么办？我需要这个活下去。

⚬⚬

反抗。关于死亡的自由。在杀人的自由之前，除了死亡的自由再无其他自由可言，换言之即对死不再有的恐惧，并重新将这样的偶然视为自然事物的一部分。朝这方面努力。

❧

蒙田。第一卷第二十章中的语气改变。关于死亡。他在提到自己对死亡的恐惧时写的那些，很让人意外。

❧

小说——闪亮[1]："我到的时候，因为发烧和担心而感到筋疲力尽，我去看了火车时刻表，好知道她几点会出现，万一等下没见到她的话。那时已经晚上十一点了。最后一班从西部来的火车会在两点进站。我是最后一个离开的。她已经在出口等我，孤零零地，站在其他两三个人中间，旁边是那条她之前收容的狼狗。她向我走过来。我笨拙地吻了她，但打从心底感到快乐。我们一起离开。城墙上的普罗旺斯天空里闪烁着繁星。她其实下午五点就来了，来等七点那班火车，但我不在上面。她很担心我不来了，因为她跟旅馆说了我的名字，可是她的证件不符合，旅馆不让她登记，而她也不敢再回去。到了城

---

1　闪亮（Twinkle）一词或为尊克（Zwinkle）。——原编注

墙下，她突然扑进我怀里，引起四周来往的行人纷纷回头，她的拥抱有一种得到解放的激狂，但那不是爱，是希望被爱。我却因高烧而浑身发烫，只恨自己为什么不高大些，英俊些。到了旅馆，我也把事情真相还原了，一切都很顺利。但在我们各自回房前，我还想喝一点白兰地。然后在那间暖气很够的酒吧里，她一直为我劝酒，我觉得自己又恢复信心了，整个人被一波波的畅快所填满。"

※

他整个上唇都被割掉了。牙齿连带牙龈全露出来。就这样他似乎总是在笑。但眼神却是严肃的。

※

参考克莱因（Marc Klein）在《日耳曼研究》（*Études germaniques*）中的《关于纳粹集中营的观察和省思》。

※

小说创世修正版。"他一倒地，他便把铲子往他脖子上一抵。然后，脚踩着铲子，好似要捣碎一团黏土块那般，使劲地一踹。"

※

涅墨西斯——度量的女神。一切超出限度者都将遭到无情的摧毁。

❧

伊索克拉底：宇宙中没有比美更神奇、更庄严、更高贵的了。

埃斯库罗斯咏海伦[1]："性祥宁一如海上的风平浪静，貌姣美足令最华丽珠宝更添光泽，目光温柔犹似利箭穿射，人心无法抗拒的爱之华。"

海伦不是罪人，而是诸神的受害者。在那场灾难过后，她又恢复原来的生活。

❧

拉帕特利埃[2]。此一四季鲜明的时刻（最后几幅画作）是，在画面的每个角落都有神秘的手在献花。一出安静的悲剧。

❧

恐怖主义：

卡利亚耶夫那种非常纯粹的恐怖主义，因为对他来说杀

---

1　见《夏》中的《海伦的放逐》一文。——原编注
2　拉帕特利埃（Amédée Dubois de La Patellière, 1890—1932）：法国画家，多以乡村生活为题材，是表现主义的先驱之一。——译注

人就等于自杀（参考萨文科夫：《一个恐怖分子的回忆录》〔*Souvenirs d'un terroriste*〕）。一命偿一命。想法是很疯狂，却可敬。（一条献出的生命比一条被夺走的生命来得有价值。）今天那种代理式的谋杀。没有人付出代价。

1905年，卡利亚耶夫：肉体的牺牲。1930年：精神的牺牲。

∾∾

面包总管，1947年6月17日。

美妙的一天。一种薄纱般、亮闪且柔软的光线在那些高大的山毛榉上方盘旋。仿佛是从每一根树枝分泌出来似的。叶丛在这样的蓝金色中缓缓搅动，好像一千张有着复唇的嘴，嘴里成天淌着这种金黄色轻飘飘有甜味的津液——或又像一千张弯弯曲曲、铜绿色的小出水口，不断涌出一股蓝色的清流灌溉天空——或又像……但这就够了。

∾∾

根本不可能宣称一个人绝对地有罪，所以也不可能对他判处完全的刑罚。

∾∾

对效率概念的批评—— 一章。

&#x223F;

　　德国哲学在理性和宇宙的事物中置入了运动的概念——然而古人认为这些都是不会动的。我们无法超越德国哲学——并且我们在界定什么会动和什么不会动（还有那些我们不晓得他会不会动的）之前，也无法拯救人类。

&#x223F;

　　终结荒谬、反抗等等运动，进而终结当代世界的，是一种最原始定义的同情心，换句话说就是爱和诗。但这需要一种我已失去的无辜。我所能做的，就是去找出通往那儿的正确道路，然后等待无辜者时代的到来。至少在死前看到它的实现。

&#x223F;

　　黑格尔对抗自然。参考：《大逻辑》(*Grande Logique,* pp.36-40)。为什么自然是抽象的——具体的是精神。

　　这是智力的大冒险——这场冒险到最后把每样东西都杀死了。

&#x223F;

放进《鼠疫》的档案里：

（1）匿名举发一些家户的黑函。官府问话型的。

（2）法令型的。[1]

❧

没有明天。

第一系列　荒谬：局外人——西西弗斯神话——卡利古拉和误会。

第二系列　反抗：鼠疫（及附录）——反抗者——卡利亚耶夫。

第三系列　审判——第一人。

第四系列　破碎的爱——柴堆——论爱情——万人迷。

第五系列　创世修正版或体系[2]——大部头小说＋大规模省思＋无法演出的剧本

❧

1947 年 6 月 25

成功的悲哀[3]。反对是必然的。如果我碰到的困难更多，像从前那样，也许我更有权利来说我要说的。但在此之前，我

---

1　我们在加缪留下的档案中和他发表于"七星文库"的《鼠疫档案》笔记中，皆未发现此处所说的文档。——原编注

2　见本书第 200 页。——原编注

3　加缪的《鼠疫》获得了书评奖（le Prix des Critiques）。——原编注

还是可以帮助不少人。

❦

对公认的德行发出质疑——我们可以如此解释这个世界。那些曾经怀疑自己，进而怀疑所有其他人者，会从中得出一种对一切宣称的德行之永无止境的神经过敏。然后下一步就是去质疑德行的行动力了。他们于是主张唯有能够帮助他们建立理想社会者才是德行。（此一质疑的）深层动机是高尚的。但说不说得通，方为问题所在。

我自己对这样的想法也尚未完全厘清。我之前所想的所写的，都和这样的质疑（这是《局外人》的主题）有关。但如果我无法轻易地就全盘否定黑格尔所谓的"德行意识"（像虚无主义或历史唯物主义那样），我便必须去找出一个中间值。身在历史中，却要引一些超出历史之外的价值为鉴，这可能、合理吗？无知的背后是不是藏了一个舒适的避难所？没有什么是无邪的，没有什么是无邪的！此即深深困扰本世纪的呐喊。

追随那些起而行的反对者，是很大的诱惑。有人因而坠入谎言之中，一如有人皈依宗教。两者背后那令人赞叹的冲动乃如出一辙，这点是确定的。但究竟什么是冲动？让我们据以做出判断的是什么？是谁？是哪些原因？

如果历史的脚步真的要这么走，如果没有解放，只有统一，

210

我会是那些阻止历史前进的人之一吗？没有统一就没有自由，他们说，若果如此，那我们就落后了。但为了前进，与其选择这些已经造成两三代人痛苦、杀戮和流离的事实，我们不得不倾向一个几乎不可能的，已经被历史无情揭穿过的假设。所以我们的选择建立在一个假设上面。并没有任何证据可以证明解放一定要先经过统一。虽然也没有证据说它可以跳过去。但这并不意味着统一非得通过暴力不可——统一表象下的分裂通常是暴力引起的。有可能解放是需要统一的，也许这样的统一可以通过知识和倡导而达成。这时候言语就成了一种行动。至少应该要全心投入这样的任务中。

啊！这些充满疑惑的时刻。而谁又能独自扛下一整个世界的疑惑。

❦

我太了解自己以至无法相信那全然纯粹的品性。

❦

舞台剧。恐怖统治。一个虚无主义者。到处是暴力。到处是谎言。

破坏，破坏。

一个现实主义者。该去加入警备队[1]。

卡利亚耶夫，犹豫不决。——不，鲍理斯，不。

——我爱他们。

——你讲这话的方式为何如此恐怖？

——因为我的爱很恐怖。

同上。扬芮克（Yanek）和多拉（Dora）。

Y（小声地）——那么爱呢？

D——爱？没有爱，扬芮克。

Y——喔！多拉，我又不是不知道你的心，你，你怎么这么说？

——因为已经流了太多的血了，对，太多的残暴。太爱正义的人是没有权利去爱的。他们就像我这样抬头挺胸，眼神坚定。爱在这样一颗骄傲的心里面要做什么？爱只会让人慢慢把头垂下去，而我们，扬芮克，我们是砍人头的。

——但我们爱我们的人民，多拉。

——没错，我们很不幸地深爱着他们。但人民爱我们吗？知道我们爱他们吗？人民都不说话，只是沉默，沉默……

---

1　警备队（Okhrana）为 19 世纪末、20 世纪初俄罗斯帝国的政治秘密警察组织。——译注

——但这就是爱。多拉。奉献一切，牺牲一切，不指望回报。

——或许吧，扬芮克。这是纯粹的爱，永恒的爱。其实这正是我渴求的。但有些时候，我很怀疑爱真的是这样吗？爱能否不要再喃喃自语，偶尔也可以得到响应吗？你知道，我会想象那些头都慢慢垂下来，心摆脱了骄傲，眼睛眯眯的，手臂也更张开些。忘记世上那些可怕的苦难，扬芮克，终于可以让自己任性一下，一个小时就好，短短一个小时的自私，你能想象吗？

——对啊，多拉，这就是温柔。

——答对了，我亲爱的。这就是温柔。但爱正义的人可以温柔吗？

扬芮克不语。

——你说你爱人民，那你感受到的是这份轻松自在，还是复仇和反抗的怒火？

扬芮克不语。

——你看吧。那我呢，扬芮克，你用温柔在爱着我吗？

——我爱你甚于这世上的一切。

——比正义还爱？

——你们对我来说是一体的，你，组织和正义。

——我知道。但回答我，回答我，我求你扬芮克，回答我。你一个人的时候，会温柔而自私地爱着我吗？

——哦，多拉，我多么愿意跟你说是的。

213

——说吧，亲爱的，说出来吧，如果你真的这么想，如果真的是这样。对着组织、正义，对着这世上的苦难和受镣铐的人民说出来吧。说出来，我求你，对着奄奄一息的孩子们、无穷无尽的牢狱说出来吧，也不要管那些被吊死的，还有被活活鞭死的。

扬芮克一脸苍白。

——住嘴，多拉，住嘴。

——哦！扬芮克，你还是没说出来。

静默。

——我不能说。但我心里都是你。

她笑了，听起来像在哭。

——可是这样很好，我亲爱的。你看，这样有多傻。我也是，我也说不出口。我也是用同样可以说不渝的爱在爱着你，在正义里和牢里。我们不属于这个世界，扬芮克。我们分到的是鲜血和冷冰冰的绳子。

❧

愤慨有如狂犬的吠声（安东尼与克利奥佩特拉）。

❧

我将这些笔记全又看了一遍——从第一本开始。我立刻注意到的是：风景逐渐在消失。我也受到现代癌细胞的侵蚀了。

❧

当代精神面临的最严重的问题：人云亦云。

❧

老子认为：无为而治。

❧

G[1]之前跟他那在圣布里厄卖丧葬用品的祖母住在一起：那时他都在一块墓碑上写功课。

❧

参考：《蛤蟆炮》[2]；《无政府主义》。塔亚德（Tailhade）：《预审法官回忆录》（*Souvenirs du juge d'instruction*）。施蒂纳：《唯一者及其所有物》。

❧

G：讽刺不见得都是存心不良。

---

1　指让·格勒尼埃。——译注
2　《蛤蟆炮》（*Le Crapouillot*）是一本创始于一次世界大战的战壕杂志。——译注

M：可以肯定的是，这绝非出于善意。

G：是没错。但或许源自于痛苦，我们从来不会想到别人身上的痛苦。

❧

白军压境的莫斯科城里，列宁决定动员那些普通法的犯人，有人进言：

"不，不要叫这些人去。"

"这就是给他们去的，"列宁说。

❧

卡利亚耶夫：不可能去杀一个有血有肉的人，我们杀的是独裁者，不是那个早上起来会刮胡子的家伙，等等。

❧

场景：处决挑衅者。

❧

人生最大的问题，是晓得该如何从人和人之间钻过去。[1]

---

1 此处原稿上有用括号加注 A. F. 的字样。——原编注

❧

X。"我这人什么都不相信，也不会去爱谁，至少刚开始是如此。我的内心有一种空虚，一片可怕的沙漠……"

❧

马克是洛奥[1]牢里的死刑犯，不让人家在圣周的时候解开脚镣，好让自己看起来跟他的救主更类似一些。从前，他还会对竖在路边的十字架开枪。

❧

快乐的基督徒。他们把宽恕留给自己，对我们做善事。

❧

让·格勒尼埃[2]。有关自由的正确用法。"现代人不再相信有个该服从的神（希伯来人和基督徒）；有个该尊重的社会（印度人和中国人）和不该违背的自然（希腊和罗马人）。"

同上。"那些强烈认同某种价值者，同时也会因此而成为自

---

1　洛奥（Loos）为法国北部里尔附近的一个小城市。——译注
2　让·格勒尼埃（Jean Grenier, 1898—1971）：加缪在阿尔及尔的哲学老师，对加缪思想之形成影响甚巨。加缪有很多作品，包括《反抗者》，都是献给他的。——译注

由的敌人。热爱自由更甚于一切的人，他不是否定别的价值，就是对这些价值仅有暂时性的认同（因为价值并非永远不坏所以能够容忍）。"

"如果我们不再走否定的路线，与其说是为了不得罪别人，还不如是为了让自己省点力气。"（对自己而言是否定，对别人而言则肯定是。）

❧

舞台剧。

D——教人伤心的是，扬芮克，这一切会让我们变老。我们永远，永远不再是孩子了。我们已经把人看透（杀人，这已经是底线），从现在起我们可以去死了。

——不，扬芮克，如果死是唯一的解决办法，我们现在走的路都是不对的。正确的路是通往生命的道路。

——我们把这个世界的不幸往自己身上揽，这是一种该受到惩罚的骄傲。

——我们已从青梅竹马的恋情过渡到这一位最初也是最后的情妇，那就是死。

我们的脚步太快了。我们根本不是人。

❧

本世纪的不幸。并非那么久以前，我们还在为不对的行为找理由，但今天需要去辩解的却是那些对的。

◇◆◇

小说。"如果我爱她，我会希望她认识的是从前的我。因为她以为这种令人钦佩的善心……说真的，她实在很难得。"

◇◆◇

反动？如果是为了让历史倒退，我永远没办法像他们退得那么远——都到法老王去了。

◇◆◇

笛福。"我被生下来是为了可以亲手摧毁我自己。"

同上。"我听说有人因为受不了和某几个亲友的那令他极度生厌的对话内容……突然决定不再说话……"（舞台剧）

关于笛福，马力欧（Marion）曾写道（第139页）：二十九年的沉默。他的妻子发疯了。孩子也纷纷离去。只有女儿留下。狂热、谵妄。他开始说话。接着，话越来越多，只是很少是对他女儿讲的，而且"几乎不和别人交谈"。

◇◆◇

《诗篇》，91："主是我的避难所，是我的山寨……他必救你脱离捕鸟人的网罗，和毒害的瘟疫……你必不怕黑夜的惊骇，或是白日飞的箭，也不怕黑夜行的瘟疫，或是午间灭人的毒病。"

❧

完美的孤独。凌晨一点在某个大火车站的小便间里[1]。

❧

有个人（一个法国人？）一辈子都活在罪恶中（不近圣桌，不娶那个跟他一起生活的女子），因为无法忍受就算只有一个灵魂要被打入地狱的想法，于是他也要下地狱。

"这种爱比一切都来得伟大：那种为了一个朋友而愿意舍弃自己灵魂的爱。"

❧

梅洛－庞蒂[2]。学会阅读。他抱怨被人囫囵吞枣，被人曲解。我以前也会有做出这种抱怨的倾向。现在我知道这是没有

---

1　这个句子是第一份打字稿完成后用手写加上去的。——原编注

2　梅洛－庞蒂（Merleau-Ponty）这时甫出版了《人文主义与恐怖》（*Humanisme et Terreur*），此书面世后不久，加缪就和梅洛－庞蒂绝交了（参见萨特的《梅洛－庞蒂不死》p. 313）。——原编注

根据的。没有人误会他。

一群在他们的理念里显得很高尚的滑头。真的。然而相较于一个杀人如麻的道学先生，事实上我现在会更喜欢一个不杀人的无耻之徒。而我无论如何无法忍受的，是一个杀人如麻的无耻之徒。

M. P.，或说那种典型的现代人：没有立场。他认为从来没有人是对的而且事情并没有那么简单（我希望不是因为我的关系才让他需要这么辛苦地证明这点）。但接下来他又说希特勒是个罪人，任何反抗他的人都是对的。如果没有人是对的，那就不该去评断。问题是今天没有人敢不反希特勒。这些人从前就没有立场。现在还是一样。

✎✐

从此以后，唯有那些目标界定得很清楚的行动，对我们来说才是可以理解的。

✎✐

德温格尔[1]（在一处西伯利亚的劳改营中）。"如果我们是一

---

1　参见德温格尔（Edwin Erich Dwinger）的《西伯利亚日记暨红白军之间》（*Mon journal de Sibérie et Entre les Rouges et les Blancs*），Payot 出版社，1931 年。——原编注

群牲畜，这一切早就结束了，但我们是人。"

同上。一个中尉，为弹琴而活的钢琴家。他用从木箱拆下来的木板钉了一架无声的钢琴。每天都要弹上六到八小时。他听得见每一个音符。弹到某几个片段时，整张脸都亮了起来。

我们每个人都会这样，或多或少。

同上。假战期间。在后方的一列火车上，D和某同志走进其中一间包厢，里头坐着一个双眼发着热的高大上尉。另外一个人躺在他对面的长椅上，全身罩在一件大衣下面。入夜之后，月光照进包厢。"眼睛打开来，弟兄们。我要让你们看一样东西，你们算是赚到了。"他轻轻地将大衣掀开来：一个一丝不挂，极其美丽、极其匀称的年轻女人……"你们看好，"那军官说："这个可以给你们新的力量，你们才会知道我们为何而战。因为我们也在为美而战。不是吗？只是没有人会这么说。"

❧

关于巴塔耶论《鼠疫》[1]。萨德也曾主张废除死刑。理由：杀人凶手可以说自己是受到天性中的那些激情的驱使。但法律却不能。

---

1　指巴塔耶（Bataille）所写的《鼠疫》书评，发表在《评论》（*Critique*）杂志 13—14
期，1947 年 6—7 月号。——译注

❧

研究 G[1]：G 的思想和马尔罗的完全背道而驰。而且两人也都意识到了自己受对方想法的诱惑。今日世界就如同一场 M 和 G 的对话。

❧

剧本。扬芮克对另外一个叫杀手（le Tueur）的人。

扬芮克——也许。但这会让我们失去爱。

杀手——谁说的？

扬芮克——多拉。

杀手——多拉是个女人。女人不懂什么是爱……我要用来毁掉自己的这种可怕的爆炸，就是一种爱的爆发。

❧

《我们的死亡岁月》（*Les jours de notre mort*）[2]。72-125-190。

*U. C.*15-66。

❧

---

1　指的也许是格勒尼埃。——原编注

2　法国作家鲁塞（David Rousset）描写纳粹集中营的名著，U. C. 指的无疑是同一作者的《集中营的世界》（*L'Univers Concentrationnaire*）。——原编注让暴力保有它那决裂和罪恶的特性——换言之，唯有当它与某种个人的担当联结时，暴力才可获得认同。否则，暴力是从命令来的，暴力就存在于秩序之中——或说在法律，在形而上学里。暴力不再造成决裂，而是为了避免矛盾冲突。它很吊诡地意味着对舒适的追求。暴力竟能让人觉得很舒服。

❧

M. D. 的朋友就像每天那样，到太子妃路（rue Dauphine）的一家小咖啡馆，他在那儿有些老习惯——坐同一张桌，看同一群人打勃洛特（belote）牌戏。那个就坐在他前面的玩家手上只有方块。"可惜，"M. D. 的朋友说，"你们不是打无王的。"然后就突然死了。

同上。一个帮人通灵的老妇，儿子去打仗死了。"无论我到哪里，我儿子总是跟在后面。"

同上。殖民地的老总督，姿态直挺挺地像根木桩，要人家叫他总督大人。他还做了一些研究，找出公历中的对应日期。他只对一个话题有兴趣，那就是他的年纪："80岁！从不喝餐前酒，你们看看！"说完在原地跳了好几下，脚跟往自己屁股上踢。

❧

帕朗特（*S. I.*）[1]："人文主义乃理智传教士对情感之地的入侵……是智性统治下的冷酷冰寒。"

⋘⋙

人们责怪我们制造了一群抽象人。但这是因为那个给我们做榜样的人很抽象——不知道爱，但这是因为（那个给我们做榜样的人）没有能力去爱，等等，等等。

⋘⋙

洛特雷阿蒙[2]：一整片汪洋的水，也无法洗净一块智识的血渍。

⋘⋙

短篇或正义小说。受到凌虐，站了五天，没得喝也没得吃。也不许靠在什么上面，等等，等等。有人来要助他脱逃。他拒绝了：他没有力气。留下来比较不用那么费力。他必再度遭到凌虐。而且必死无疑。

———————————

1　帕朗特（Georges Palante, 1862—1925）：法国哲学家、社会学家，曾经教过吉尤，也是加缪的老师格勒尼埃的朋友，*S. I.* 即帕朗特的著作《个人主义式感性》（*La Sensibilité Individualiste*）。——译注

2　洛特雷阿蒙（Lautréamont, 1846—1870）：法国诗人迪卡斯（Isidore Lucien Ducasse）的笔名，著有《马尔多罗之歌》。——译注

〜〜

索尔格岛[1]。看出去都是秋色的大房间。房内也有浓浓的秋意，树枝蜿蜒状的家具，以及被风从窗下送进来而滑落屋中的梧桐枯叶，窗帘上爬满绣上去的羊齿植物。

〜〜

R. C. 于 1944 年 5 月离开游击基地，他搭乘一架飞机，趁夜从下阿尔卑斯省出发，前往北非，飞机飞到迪朗斯河上空时，他看见一整排山上都点起火来了，那是他的部下在对他最后一次的致敬。

到卡尔维时，他睡着了（蜂拥而至的梦境）。晨间他睁开眼睛，发现一个平台，上面到处都是美国烟的烟蒂。在咬紧牙关奋战了四年之后，他再也无法忍住泪水了，整整哭了一个小时，在满地的烟蒂前。

〜〜

年迈的共产主义斗士看到他所看到的，无法适应："我摆脱

---

1　1947 年 9 月，加缪前往夏尔（René Char）位于法国东南部、距离亚维农二十公里处的小镇索尔格河畔利勒（Isle-sur-Sorgue）的住处拜访，下一则中的 R. C. 即指夏尔。——译注

不了我的心。"

❧

培尔（Bayle）:《彗星杂考》(*Pensées diverses sur la comète*)。

"不可以从一个人的想法或他在他书里头写的来判断这人的人生。"

❧

那个专门打小报告的每天都会写报表。用好几种墨水。画一堆线条。每个人名都写得很工整。

❧

如何让人明白一个穷人家的小孩即使没有任何欲望也可以感到惭愧。

❧

老乞丐对埃丽诺·克拉克[1]说:"不是因为我们坏，而是我们的光线都被遮住了。"

❧

---

1　埃丽诺·克拉克（Eleanor Clark, 1913—1996）: 美国女作家。——译注

萨特或那种对牧歌式理想世界的乡愁。

❧

拉瓦绍尔[1]（审讯）："在那些为人类带来真理、真相和幸福的人面前，一切一切的障碍，都该倒下，这样就算以后只有几个人能在地上存活下来，至少他们都会过得很快乐。"

同上。（刑事法庭的宣言）"对那些我曾经伤害过的无辜受害者，我衷心感到懊悔。而我这充满辛酸的人生让我的悔恨又更加深重了。"

某个证人的证词（修马当〔Chaumartin〕）："他不喜欢女人，只喝水，加一点柠檬。"

❧

维尼[2]（书信集）："社会秩序一向是恶劣的；偶尔才会出现差强人意的状态。从恶劣到差强人意，不值得流一滴血来争这个。"——非也。如果不值得流血来争取差强人意的社会秩序，至少值得为此付出一生的努力。

---

1　拉瓦绍尔（Ravachol, 1859—1892）：法国恐怖分子，信仰无政府主义，有杀人越狱等前科，最后因恐怖行动被捕，判处死刑。法国民间视他为社会底层因绝望而革命的浪漫英雄，流传着许多以他为题材的歌曲。——译注

2　维尼（Alfred de Vigny, 1797—1863）：法国小说家，剧作家和诗人。——译注

在群体显得愤世嫉俗，却可以对个人很宽容的个人主义者。

‹э∾

圣伯夫："我一直以为如果人们开始说上一分钟的真话，这个社会就会垮掉。"

‹э∾

康斯坦（B. Constant）（先知！）："想要平静度日，那得花上几乎和治理这个世界差不多的气力才成。"

‹э∾

为他人牺牲奉献：依圣伯夫之见，这是因为有人一直到最后都需要扮演接受喝彩的角色之故。

‹э∾

司汤达："只要还是受不了别人觉得自己很差劲，我就不能为我个人的快乐做出什么。"

‹э∾

帕朗特说得对，如果这世上有一种放诸四海皆准的唯一真理，自由就没有存在的必要了。

⌘

1947 年 10 月 14 日。时间愈发紧迫。独自一人而且所有的力量都在一种干燥的空气中绷紧了。

⌘

10 月 17 日。开始。

⌘

对人来说，好像非得在受到轻视或惩罚之中抉择不可。

⌘

在儿童医院。天花板很低的小厅，门窗紧闭，暖气太强——到处是油腻高汤和绷带的味道……昏厥。

⌘

有基于救世主信仰的行动，有基于思考的行动。

⌘

全写下来——想到什么的时候。

❦

我们可以用更好的方式来从事一切，了解一切和掌控一切。但我们永远无法寻获或创造出我们那已被永远夺走的爱的力量。

❦

死刑。有人要我说无论什么形态的暴力我都反对的话[1]。这么做的智商程度，就跟要我反对风总是往同一个方向吹差不多。

❦

没有人绝对地有罪，所以我们也不可以绝对地定他的罪。没有人绝对地有罪（1）从社会来看（2）从个人来看。但身上有个东西也会让他痛苦。

死是一种绝对的惩罚吗？对基督徒来说不是的。但这个世界并非基督教的世界。强迫劳动不是更糟糕吗？（波朗）。我不晓得。不过坐了牢之后还有机会选择一死（除非基于懒惰有人较喜欢由他人代劳）。死了就再也没有机会选择坐牢了。最后罗什福尔（Rochefort）说的："嗜血狂才会要求废除死刑。"

❦

---

1 《覆达斯提耶》（*Emmanuel d'Astier de La Vigerie*），见《时事集》。——原编注

老头时代。"一个年轻人就这么踏入这个世界，金玉其外，败絮其中，他徒劳地致力于以外表的富丽来掩饰内心的贫瘠，他想要获得外在的一切，一如那些试图从年轻女孩的气息中汲取新生力量的老头子。"（《人生的智慧》）

苏格拉底被踢了一脚。"如果我被一头驴子踢了，会去投诉它吗？"（《第欧根尼·拉尔修》II,21）

❦

海涅（1948年）："那些世人所追求并希冀的，如今于我心已全然陌生。"

❦

叔本华认为，勇气不过是一种"少尉的德行。"

❦

在《爱弥儿》的第四卷中，卢梭提倡基于荣誉理由的暗杀行动（注释二十一）。

"被人打耳光或遭人揭穿，其实都是有民事效应的，这种效应乃任何智者皆无法评估，也没有一个法庭可以对这样的攻击加以惩处。法律的不足让他在这方面有了独立性；于是他成了攻击者与自己之间唯一的法官；他是自然法唯一的诠释者和执行者；他欠自己一个公道，而且也是唯一能为自己主持正义的……我不是说他应该上前去打架，这样就流于放肆了；我说的是，他不但欠自己一个公道，而且还是唯一能给出这个公道的人。如果我是国王，根本不用颁布这么多形同废纸的诏书来禁止决斗，就能保证国内永远不会发生甩人耳光或揭穿人家的情事发生，而且我采用的是一种极其简单无须法庭介入的办法。无论如何，爱弥儿知道在这种情况下他该为自己主持的公道，以及他该为保障正人君子们而竖立的榜样。最坚强的人也不能阻止别人来侮辱他，但他可以让那些侮辱他的人事后不要到处吹嘘。"

❧

叔本华认为：事物的客观存在，亦即其"表象"总是令人愉快，然而主观存在，亦即意志，总是令人痛苦。

"一切事物皆有着美好的外表和丑恶的本质，这就是我为什么常常会被那种觉得怎么每个人的人生看起来都一模一样的幻觉吓到。"

❧

叔本华。"同时拥有荣耀和青春，对一个凡人来说是太过了。"

同上。"在这个世界上，我们可以找到指示，却找不到幸福。"所以"自我克制能让人感到快乐"。

৽৶

大卫的儿子生病时，他曾苦苦哀求耶和华。可是儿子一死，大卫打个响指，再也不去想这件事。

৽৶

伏尔泰："一个人只能靠着剑尖在这个世界上成功，然后手上握着武器死去。"

৽৶

佩切林（Petcherine），19世纪俄罗斯流亡人士，他在外国成了修道士，曾写道："恨着自己的祖国并热切地期待着它的覆亡，那是何等的爽快。"

知识分子和对世界的集权诠释。

彼得拉舍夫斯基的党羽[1]：田园牧歌派（无须革命行动而解放农奴——乔治·桑的影响）。爱着远方却不爱他的邻人。"既然无法在男性或女性之中，找到可以让自己留恋者，我只好专

---

1　为《正义者》和《反抗者》中《高尚的杀人者》（ *Les meurtriers délicats* ）一章所进行的阅读。——原编注

注于为全人类服务"（彼得拉舍夫斯基）（除了斯佩什涅夫，亦即斯塔夫罗金[1]的原型之外。）

∽∾

别林斯基之个人主义式社会主义。为了人类个人而反对黑格尔。参见：与波特金（Botkine）书："主体的，或说个体的、个人的命运。比起整个世界的命运和中国皇帝的龙体安康——亦即黑格尔所谓的"普遍性"（Allgemeinheit）——都来得重要。"

同上。"我向您（黑格尔）的哲学家帽子致敬。然而忝于对您那种哲学上的庸俗主义之尊重，我须深感荣幸地向您提出以下质疑：如果我也能爬到一个智识发展的最高层次，我必定要追问为什么有人会被他们的生命和历史处境所牺牲，又为什么有人会受机运、迷信、宗教审判和腓力二世等等的荼毒……找不到答案的话，我就从这个高高在上的位子纵身跃下，而且是头先着地。如果我无法事先对我那些亲如骨肉的手足同胞感到心安，我宁愿不要人家施舍给我的那些自信和满足。"

"有人说和谐一致的条件是矛盾冲突；这对爱乐者来说也许很有用且耐人寻味，但可想而知，对那些必须扮演反对角色的人来说就没那么有趣了。"

---

1　斯塔夫罗金为陀思妥耶夫斯基小说《群魔》中的主角之一。——译注

༜

彼得拉舍夫斯基和田园牧歌派。

别林斯基和强调个人主义的社会主义。

杜勃罗留波夫——禁欲、严于律己的神秘主义者。

他失去了信仰，在恶之前（马吉安〔Marcion〕）。

车尔尼雪夫斯基："怎么办"。

皮萨列夫。"一双靴子比莎士比亚有价值多了。"

赫尔岑——巴枯宁——托尔斯泰——陀思妥耶夫斯基。

和群众失去联系的知识分子予人的那种自觉罪恶的印象。（在社群上犯了罪而）"忏悔的绅士"。

༜

尼切夫（Netchaiev）与革命教义问答（预告了布尔什维克主义到来的中央集权政党）。

"革命者是一个特殊的个体。他无利益无纠纷亦无个人情感和关系，没有任何专属于他的事物，连姓名亦然。这人全部的心思全都集中在一项兴趣，一个想法，一种热情之上：革命。"

凡有助于革命者，就是道德的。

类似契卡[1]的创立者捷尔任斯基。

巴枯宁："毁灭的热情即是一种创造性。"

同上。人类进步的三阶段：

　　属血气的人[2]

　　思想

　　革命

✍

70年代。米哈伊洛夫斯基，个人主义的社会学家。

"如果革命的人群冲进我的房里，企图打破别林斯基的胸像，摧毁我的藏书，我一定会力抗直到流光最后一滴血。"

✍

过渡的问题。俄罗斯是否应该像历史逻辑所要求的那样，先经过资产阶级及资本家的革命阶段？在这点上，塔科·契夫（Tkathev）（以及尼切夫和巴枯宁）是列宁的先驱。马克思和恩格斯是两个孟什维克。他们只看到了即将到来的资产阶级革命。

---

1　契卡（Tcheka），苏联的一个情报组织，即国家安全委员会（ＫＧＢ）的前身。——译注

2　homme animal，见《圣经·哥多林前书》2：14。——译注

最初的马克思主义者一直在讨论俄罗斯是否须先发展资本主义，以及他们接受此一发展的可能性。人民意志党的老党员季霍米罗夫，指控这些人摇身一变成了"最初资本化的捍卫者"。

❧❧

莱蒙托夫的《预言》[1]。

从成堆的恶臭尸体上漫溢而出鼠疫在荒凉的村落中徘徊。

参考：贝尔迪耶夫[2]，页107。

陀思妥耶夫斯基的心灵共产主义每个人都该负起的道德责任。

❧❧

贝尔迪耶夫——"物质上的辩证是不可能存在的，辩证的前提是逻各斯和思维；辩证只能来自于思考和精神。马克思将精神的属性转移至物质世界中。

到头来，改变这个世界的是无产阶级的意志。所以说共产主义里头果然有一种揭穿客观化谎言并肯定人类行动力之胜出的存在主义哲学。

---

1　莱蒙托夫（1814—1841）：俄国浪漫派作家、诗人，被视为普希金的后继者，《预言》是莱氏1830年的诗作。——译注

2　贝尔迪耶夫（Berdiaev，1874—1948）：俄国传教士以及政治哲学家。——译注

֍

俄文中的"Volia"同时具有意志和自由的含义。

ֆ

对马克思主义的质疑：

"马克思主义的意识形态是否一如其他所有的意识形态，乃一经济活动之反映，抑或它追求的是独立于经济及经济利益之外的绝对真理？"换句话说，它是一种实用主义，还是绝对现实主义？

列宁主张政治优先于经济（无视马克思的说法）。

卢卡奇：革命意识就是对总体性的意识。认清了理论和实践的整体世界的概念。

贝尔迪耶夫认为是宗教意识。

ֆ

俄国国内存在着一种"全面的"、非个人的全面自由。但什么是集体自由呢？若说人可以不受某事物拘束，亦即相对于什么我们是自由的。显然，人类自由的极限是相对于神的自由。可见这种自由意味着被人奴役。

❧

贝尔迪耶夫把波比顿诺斯策夫（Pobïedonotsev）（"神圣宗教会议"的首席检察官，是俄罗斯帝国意识形态的实际领导人），拿来与列宁作对照。两个都是虚无主义者。

❧

薇拉·妃格念尔："言行合一，要求他人言行合一……这大概就是我过去的人生座右铭。"[1]

同上。"在一个已经是秘密的社会中竟然还跑出一个地下社团来，我觉得相当无法接受。"

沙皇的预算中有百分之八十到九十，都是由下层阶级提供的。

❧

"人民意志党"的每一个成员皆郑重地许诺将为了献身革命而抛弃一切血缘关系、私人好感、爱情和友谊……

❧

---

1　见薇拉·妃格念尔（Vera Figner）的《一个革命分子的回忆录》（*Memoirs of a Revolutionist*）。——译注

剧本多拉：如果你什么都不爱，就不会有好结局。

✦✦

"人民意志党"究竟有多少党员？五百人。俄罗斯帝国呢？超过一亿。

✦✦

苏菲亚·佩罗夫斯卡娅和他的革命同志一起步上绞刑台，她吻了其中三个（热利亚博夫、基巴利契奇和米哈伊洛夫斯基），但不吻第四个，雷萨科夫，然而他曾经是非常英勇的斗士，只是后来为了保命，竟然供出了藏身处，害另外三个被捕。雷萨科夫最后在孤独之中被吊死了。当初雷萨科夫首先发难朝亚历山大二世投掷炸弹。亚历山大二世没被炸到，还说："感谢神，一切平安"，雷萨科夫却回了他一句："是不是真的没事走着瞧吧"。然后格里涅维茨基的第二颗炸弹便扔了过来，命中沙皇。

✦✦

参考：薇拉·妃格念尔（第190页），关于检举。

同上。玛丽亚·科露拿伊亚（Maria Kolougnaia）。获释后，遭人指控变节。为了自清，她对宪警队的一个军官开了枪。被

241

判去做苦役。她后来在卡拉为了抗议第三个同志所受到的体罚，和两个同志一起自杀（第239页）。

❧❧

须提醒基督徒。"基督徒的博爱"。一个针对"凡崇信基督的神圣教诲者"的呼吁。"当今政府那些建立在谎言之上、压制并禁止人们自由地探索真理的法律，都应该被视为违法，和神意与基督教精神背道而驰。"

❧❧

薇拉·妃格念尔："我应该活下去，为了受审而活下去。因为革命志士的行动在诉讼中获得了加冕。"

❧❧

一个死刑犯："我这一生，而且是短短的一生中，看到的只有罪恶……在这样的环境下，过这样的日子，我们还有能力去爱吗？即使那是美好的东西？"

❧❧

80年代的时候，一个士兵杀了士官，被判处死刑。行刑前，他面朝四方转了一圈，一边大喊："再见了，北，再见了，南……东，西。"

❧

没有人曾经像我如此坚信可以透过正当的途径来征服世界。
而现在……到底是哪里出了错？是谁突然之间失去了斗志，又
是谁决定了接下来的一切……

❧

微不足道的现象：人们常觉得"在哪里见过我"。

❧

巴黎—阿尔及尔。飞机乃造成现代人否定倾向和抽象化的
要素之一。大自然不复存；深谷、高低起伏的地势、无法穿越
的湍流，通通不见了。只剩下一堆线条——一张平面图。

总之，人取得了神的视野。他于是发现原来神看到的也不
过是一幅抽象画。这不是件好事。

❧

论战——也是抽象化的要素。我们一旦决定了与某人为敌，
就会开始将他抽象化。疏远他。我们再也不想知道他的笑声是
不是很响亮。他不过是个徒具人形的影子。

等等，等等……

∽ఌ

如果说必须回归基督教才能超越虚无主义的话，那我们大可顺便继续用古希腊文明来超越基督教。

∽ఌ

柏拉图从无意义讲到理性，再从理性讲到神话。他包含了一切。

∽ఌ

阿尔及尔港上的荣耀之晨。群青色的风景，从窗玻璃闯入并散落在房内的每一个角落。

∽ఌ

苏格拉底。"我对您没有好感。"——自劳改营归来。第二幕结束。他给人看身上的鞭痕：

"这是什么？"

"这是一些记号。"

"什么记号？"

"表示有人很爱你的记号。"[1]

❧

那些说我书中对政治面的呈现不够立体的指责。翻译：他们要我写的是党派。但我，我想呈现的只是一些和国家机器对抗的个人，因为我知道自己在讲什么。

❧

只要世人更晓得守贞，这个世上就能有更多的正义（索雷尔）[2]。

❧

在剧场里：丰富的句式可以给人一种变化多端的感觉。

❧

剧本。多拉或另外一个女人："那些被迫当上、身不由己的英雄或圣人。非出于自愿的英雄。因为我们对这根本不感兴趣，您明白吗，这丝毫无法引起我们的兴趣，这个既腐败又愚蠢并且像黏胶一般黏着我们的世界里的那些肮脏事——承认吧，

---

1　见《正义者》第三幕。——原编注
2　索雷尔（Georges Sorel, 1847—1922）：法国哲学和社会学家，倡导革命工会主义，是将马克思主义引介至法国的主要学者。——译注

招了吧，你们真正感兴趣的是人，和他们的面孔……而且，你们声称自己在寻找真理，但其实你们一心期盼的是爱。"

❧❧

"不要哭泣。这是成义的日子。此时此刻有个东西正在起来，为我们这些反抗者做见证。"

❧❧

小说。有个人被政治警察抓起来了，因为他懒得去处理护照的事。他也知道，但他就是不去做，等等……

❧❧

"我曾拥过一切的奢华。如今却成了永远无法翻身的奴隶……等等。"

❧❧

鲁塞。我不曾被送进集中营，所以没有资格发言。但在说这话时，我知道自己压抑住的是什么样的呐喊。

❧❧

布尔什维克主义在基督教中得到了阐释。但须保持平衡免得沦为杀人凶手。

❧

当代文学。作怪比让人服气容易。

❧

R. C.。德军占领期间的一辆列车上，天色渐亮。几个德国人。一个女人把一枚金币掉在地上。R. C.先用脚踩住，再捡起来还她。女人：谢谢。要请他抽烟。他接受了。她也请德国人抽。R. C.："经过仔细考虑之后，夫人，我决定把香烟退还给您。"一个德国人望着他。列车开进隧道。一只手伸过来握住他的手。"我是波兰人。"出了隧道后，R. C.看着那德国人。他眼睛里都是泪水。列车到站后，那德国人临去前还回头朝他使了一下眼色。R. C.响应他并露出微笑。"王八蛋！"一个法国人目睹了这一幕，对着两人骂道。

❧

形式和反抗。创作的目的，在于赋予那些不成形者一个形式。所以这里头不是只有创造，还有修改（见前述）。此即何以形式重要。何以每个题目都必然有自己的风格，却又不至于全然地迥异，因为作者有他专属的语言。但正是这种语言让全

247

部的作品，而非仅仅是某几本书，大放异彩。

❧

没有正义，只有限制。

❧

德军占领期间的托尔斯泰式无政府主义者。他在自家门上写道："欢迎光临，无论您来自何方。"结果进去的是一群民兵[1]。

❧

字典。Umanitié：通常这个字无论在书写或实践上都必须用上一把斧头（h）[2]。但我们并不同意这样的用法……衍生义：借口。同义字：踩脚垫——垫脚石——漱口水——终点站。

出尔反尔：一种高级文学的演练，包括先对着一面旗帜吐口水再将它高高举起，从性爱派对出来之后再大谈仁义道德，或是帮那些当过海盗的人穿拖鞋。有人本来是趁乱打劫的破坏分子，到最后还能获颁荣誉军团勋章。历史：如果可以不用署

---

1　二战期间法国维希政权为打击地下抗德组织，在德国协助下成立的民兵团。——译注

2　很少看到加缪玩这种无法译成其他语言的文字游戏。Umantié 的发音和 humanité（人性）一模一样，但却是需要加上一把斧头（一个 h，法文的斧头〔hache〕和字母 h 的发音相同）来成就的人性。——译注

名，20世纪百分之八十的作家会写出上帝之名并向他致敬。自然科学：一种转换的过程，可以让有条纹图案的抗巨服疫者（raifractère）[1]变最普通的服勿升领搬[2]。

ও৶

悲剧。人家质疑他背叛。光是这个怀疑，就让他不得不去自寻死路。这是唯一可能的证明。

ও৶

莱森[3]。谷中的雪和云一直堆到山巅。在这片不动的棉絮海上，寒鸦齐飞，仿佛一群黑色的海鸥，翅膀上沾满着雪花。

ও৶

托尔斯泰："西风呼啸，在路上，在田间卷起一行行沙柱，院中那些高大的榛树和桦树树梢也被吹斜了，黄叶离枝，随风飘向远方。"（童年）。

---

1　raifractère是加缪将réfractaire（抗拒服役者）这个字的第一和第三音节拼法对调而造出的无义字，但发音还是和本字一模一样，中译在此取原作旨趣将raifractère译为"抗巨服疫者"。——译注

2　这里原文作mètre d'autel（祭坛尺），字面同样令人不知所云，但发音和maître h'hotel（服务生领班）相同，中译仍取其同音异字精神。——译注

3　莱森（Leysin）为位于瑞士日内瓦湖东南湖畔的小城。——译注

同上。"如果能够让我在遭遇到痛苦的时候，重新见到这个（母亲的）微笑，即使只有片刻，我也不会感到痛苦了。"

❧

我从这个世上退隐，不是因为树了很多敌，而是没有朋友。不是因为别人说我的坏话，像经常见到的那样，而是他们把我想得太优秀了。我不能忍受这样的假象。

❧

极端的品德会扼杀自己的激情。但更为有深度的品德则是去平衡它们。

❧

当代精神里一切有价值的东西皆位于非理性中。然而一切在政治上占优势者，其言论、杀伐和反应，莫不以理性之名。

❧

如果可以默默地爱着倒也相安无事。但这里头有意识，还有人；所以非说话不可。爱就成了地狱。

❧

演员 P. B. 是个虔诚的教徒但很懒惰，躺在床上听弥撒，收音机里播放的。他不用起来。这样也符合规定。

❦

露德米娜·皮朵夫[1]："有观众反而让我不自在。如果台下都没有人，那就十全十美了。"谈到 G. P.："他总是能让我吓一跳。"

❦

埃及人认为，必须能在死后说出"我这辈子从未造成任何人痛苦"的，才是正义者。否则就要接受惩罚。

❦

结论就是历史只能透过对精神追求的镇压来达到它的目的。我们全都会被化约成……

❦

对基督徒而言，启示位于历史的开端。但马克思主义者却认为，要一直到最后它才会出现。两种宗教。

---

1　露德米娜·皮朵夫（Ludmilla Pitoëff, 1895—1951）：俄裔女演员，她的先生是俄裔演员兼导演皮朵夫（Georges Pitoëff），也就是 G. P.。皮氏夫妇在 20 世纪二三十年代在巴黎剧场界十分活跃。——译注

✑✑

忒奈斯[1]前，山脉脚下的小海湾。在愈来愈低沉的暮色里，一股焦虑不安的饱满在寂静的水面上翱翔。于是我们可以理解到，如果希腊人对绝望以及悲剧曾经有所体认，必然是透过美以及它那种令人屏息的东西。这是一出极致的悲剧。然而现代人的绝望却是基于丑陋和平庸。

这无疑就是夏尔[2]想说的。对希腊人而言，美是一切的源头。但它到了欧洲人眼中却成了一种目标，很难达成的目标。我不是现代人。

✑✑

这个世纪的真相：因为历经了许多重大事件，我们开始习惯说谎。别再去管其余一切，只说出我内心最深处的那些。

---

1　忒奈斯（Tenès）为位于阿尔及利亚北部地中海岸的城市。——译注

2　夏尔（René Char, 1907—1988）：法国诗人，二战期间曾参加地下抗德组织，是加缪的好友。——译注

# 第六本

*1948.4—1951.3*

19世纪末，佩里格[1]一名唤安托万·奥利的公证人，突然离开家乡，远走巴塔哥尼亚[2]，定居当地。他懂得如何取悦当地的印第安人，几年后，光凭着众人对他的好感，让自己被推举为阿劳卡尼亚[3]的皇帝。他命人铸造钱币。发行邮票，行使一个合法君主的权力。做法夸张到让智利政府，也就是这块偏远地区的管辖者，将他送上法庭，并判处他死刑。后来减为十年有期徒刑。

十年之后他获释，又回去巴塔哥尼亚，他在那儿的臣民依然拥戴他当皇帝，而他也欣然接受这样的头衔。因自觉日益衰老，打算把阿劳卡尼亚皇帝的帝位传给他的儿子奥利·路易，以路易一世的称号来继承。但奥利·路易拒绝。安托万只好将帝位传给住在佩里格的侄子阿希尔·奥利。安托万死后人民都怀念他。不过阿希尔一世并无意愿前往南美洲与他的人民会合，他到巴黎去，涉足上流社会，过着奢侈的生活，用皇帝的排场接待客人。他的收入全来自于贩卖阿劳卡尼亚领事职衔之所得。他的开销愈来愈大，于是到处去跟人家募款，说是要在南美盖教堂、大教堂，传播基督教。募得钱财多到引起耶稣

---

1　佩里格（Périgueux）为法国西南部多尔多涅省的省会。——译注
2　巴塔哥尼亚（Patagonie）通常指南美洲南部印第斯山脉以东，科罗拉多河以南的地区，分属阿根廷与智利两国。——译注
3　阿劳卡尼亚（Araucanie），智利的第九个大区，在殖民时代，该区恰位于西班牙人控制地区和南美南部最大印第安族群马普切人势力范围的交界上。——译注

会不满，一状告到教皇那边去。人们这才发现巴塔哥尼亚当地根本没有什么正在兴建中的教堂，阿希尔一世被法院起诉并获罪。这位皇帝后来穷困潦倒，在蒙巴那斯[1]度过余生，他固定上一家酒馆，有人还说看过拉那瓦罗女王[2]去那儿找过他。

❧

一切牺牲都是救世主式的。证明：我们也能够从一种深思熟虑的（亦即非救世主式的）层面上来想象牺牲这件事。均衡之悲剧。

❧

现代艺术。因为忽略了自然，所以他们找到了物体。既已将自然遗忘，于是他们再造自然。确该如此。待这项工作完成，伟大的时代又要来了。

❧

罗莎·卢森堡："没有无限制的新闻自由，没有结社集会的

---

1　蒙巴那斯（Montparnasse），巴黎塞纳－马恩省河左岸的一个街区，20 世纪 20 年代曾是来自各国的新生代艺术家荟萃地。——译注

2　拉那瓦罗女王（Ranavalo, 1861—1917）：马达加斯加的末代女王，1897 年马达加斯加正式被法国灭亡后，流亡阿尔及利亚。曾去法国度假。曾访问巴黎。——译注

绝对自由，平民大众的统治便无法想象。"(《论俄国革命》)。

≫≪

萨尔瓦多·马达里亚加[1]："唯有当革命这个字眼给人的联想是耻辱而非骄傲时，欧洲才能重新产生意义。一个国家会以国内曾发生革命为荣而沾沾自喜，就跟一个人吹嘘自己得了盲肠炎有多荣幸一样荒谬且无意义。"

在某种程度上这话不假。但有待商榷。

≫≪

司汤达（给迪·费欧尔〔di Fiore〕的信，三十四）：'然而我这灵魂是一把火，不烧起来的话会难过。"

同上。"所有的小说家都该致力宣扬那炽烈的激情，却永远不去为它命名：否则就有违含蓄的美德了"（给高勒提耶夫人〔Mme Gaulthier〕的信，三十四）

同上。反对歌德。"歌德让浮士德博士和魔鬼交上朋友，有了这么强力的助手，浮士德做出了我们 20 岁时候都会干的事，他去勾引一个制帽女工。"

---

1　萨尔瓦多·马达里亚加（Salvador de Madariaga, 1886—1978）：西班牙外交官兼作家，鼓吹和平主义。——译注

257

〜〜

伦敦。我记得伦敦是个很多公园的城市，清晨会有鸟来叫我起床。伦敦完全不是这样，然而我的记忆并无误。街上的花车。港区，奇景。

国家美术馆。令人叹为观止的弗朗切斯卡和委拉斯开兹[1]。

牛津。梳得整整齐齐的种马群。牛津的寂静。人们去那儿做什么？

〜〜

苏格兰海边的清晨。爱丁堡：运河上的天鹅。城市旁边一座仿造的神庙，笼罩着雾，神秘。北方的雅典[2]找不到北方。王妃街上的中国人和马来人。这里是个港。

〜〜

西蒙娜·薇依[3]认为，散见在卢梭、乔治·桑、托尔斯泰、马克思、蒲鲁东等人作品中，那些关于劳动之精神性或对其有

---

1　委拉斯开兹（Velasquez,1599—1660）：文艺复兴时期的西班牙重要画家。——译注

2　爱丁堡的别称。——译注

3　西蒙娜·薇依（Simone Weil, 1909—1943）：法国哲学家，宗教思想家和社会行动者，对战后欧洲思潮影响颇巨。——译注

所预感的思想，是我们这个时代唯一原创的、唯一不是我们从
希腊人那边借过来的思想。

৵৶

德国：当灾厄咬得太紧时，会激起人一种对不幸的倾向，
逼着别人和自己一起往下跳。

৵৶

黎塞留认为，即使别的一切条件都相等，乱民的势力还是
会比官方体系的捍卫者少一半。罪恶感之故。

৵৶

傅柯（Foucauld）神父，身为基督在图阿格雷人[1]土地上的
见证，认为向法国第二办公室提供关于同样这些图阿格雷人之
精神状态的情报，并无不妥。

৵৶

S. W.。科学和人文主义的矛盾。非也。矛盾乃在于所谓的
现代科学精神和人文主义之间——因为人被决定论和外力给否

---

1　图阿格雷人（les Touareg）为北非撒哈拉沙漠上的一支游牧民族。——译注

定了。

"如果正义无法从人心上抹去，那么它在这世上便有一种真实性。如此一来有误的是科学。"

❧

S. W.：是罗马人低估了斯多葛主义，用骄傲来取代了其中的阳刚爱。

❧

格林[1]："在快乐的人生中，对人性彻底失望和死亡是重叠的。我们这个时代的人，却必须设法与这样的失望共处一辈子"……"这是一个我们在成人之前就已经知道得太多的时代。"

同上。自我牺牲……"这样的美德在如此世间已荡然无存！"

同上。"他（密使）轻率地就答应了，仿佛在这个暴力的世界里，我们可以去承诺说话当下之外的任何事情。"

同上。"那些不信神的人，如果这世上的人并非善有善报，恶有恶报，那么这世界对他来说就是乱七八糟，他就注定要绝望。"

❧

---

1　格林（G. Greene, 1904—1991）：20世纪英国重要作家，著作甚丰，包括小说、评论和旅游见闻，作品对信仰和天主教教义有深入的探讨。——译注

作家受到的惩罚是理解。他不能当杀手。

❧

奋斗的人对牢狱有种渴望。为了能够从他们的忠诚中被释放出来。

❧

《柴堆》（*Bûcher*）序言。[1]

"那些深受悲伤折磨的人，会在他们快乐的时候露出马脚：他们那种握住幸福的样子，好像生怕被人抢走而要将它捏紧，掐死似的……"

❧

1948 年 7 月——科莫：

"我们要一片对我们无爱的天做什么？

我们仍在独自面对我们实际生活中的丑恶。"

❧

---

1　短篇小说的写作计划，接下来的笔记里还会出现很多遍。——原编注

剧本。骄傲。骄傲是从内陆长出来的。

$\sim$

阴森的普罗旺斯。

$\sim$

对历史的责任让我们不用对人类负责。这就是它舒适之处。

$\sim$

星光以蝉嘶的速率在闪烁着。天体之音。

$\sim$

C 的朋友。"我们 40 岁时死于一颗我们在 20 岁那年射进自己心里的子弹。"

$\sim$

我们活得太久了。

$\sim$

在《克力同篇》中，苏格拉底和法律的对话可以和莫斯科大审做对照。

❧

岩石色的蝴蝶。

风在谷中奔驰，发出一阵嘹亮而扰攘的水声。曳着百花拖尾的索格河。

❧

这是个为美德而疯狂的时代。人类背弃了那已部分成为耻辱的怀疑主义，坚持要找到一个真相。而唯有当社会再度找到一个可以负担得起的误差时，他们才得以放松。

❧

艺术家想当的是圣人，而非艺术家。我不是圣人，我们要全世界都同意我们，但这是不可能的。是又怎样呢？

❧

剧本标题。《加的斯的宗教法庭》[1]。序言："宗教法庭和修会[2]是真理的两大祸害。"帕斯卡尔。

―――――――

1　这是加缪为剧本《戒严》所下的第一个标题，加的斯是西班牙西南部的滨海城市。――译注
2　这里的修会指的是耶稣会。――译注

〰

令人感到痛心的是自以为在伸张正义却造成更多的不义。至少要对此有所意识，然后就会发现更令人痛心的：意识到全面的正义并不存在。在最激烈的反抗之后，意识到自己什么都不是，这才叫痛苦。

〰

我这辈子很幸运的是我所遇见、喜欢（或令我大失所望）的人，全都是些卓越之士。我从他人身上见识到了美德、尊严、真情和高贵。令人赞叹的景象——也令人痛心。

〰

戈比诺[1]。我们并非猴子的后代，然而我们正以全速向它们趋近。

〰

是生活的乐趣在让我们分神，无法专心，阻断了一切追求

---

1　戈比诺（Gobineau, 1816—1882）：法国小说家，以倡导白人优越论驰名，为现代种族主义思想的先驱之一。——译注

伟大的冲动。但生活若了无乐趣……不，解决办法并不存在。除非是以一种大爱为根基，在其中寻得生命活泉却又不会因为心有旁骛而受到惩罚。

❧

**1948 年 9 月 1 日**

"我差不多完成了十年前打算要写一系列作品。它们让我认识了我的职业。现在我知道我的手不会抖了，我可以开始尽情地疯狂。"一个知道自己在做什么的人如是说。到头来《柴堆》。

❧

一个有自我意识的人，陀思妥耶夫斯基说，可能对自己这么不尊重吗？

❧

D："再说人的利益所在，让人有时候不只是可能会，甚至是必须去希望自己受到损害，而非获利。"

❧

"我们一生中真正活着的时候也不过数小时而已……"

❧

在沃克吕兹[1]的山巅过夜。银河一路倾泻至谷中灯火聚集处。一切都混淆了。天上的是村落，山里的是星座。

❧

在面对爱之前，须先面对道德。否则会很痛苦。

❧

我们为某一个人所做的任何一件事（真正去做的），都是在否定另外一个人。当我们不愿意去否定他人时，这条定律就会让人永远地绝后了。偏激的说法是，爱一个人，就是杀掉所有其他的人。

❧

我选择了创作，以免自己会去犯罪。至于他们的尊重！那是一场误会。

❧

---

1　沃克吕兹（Vaucluse）为法国东南部的省份。——译注

X——您晚上喝咖啡吗？

——通常从来不喝的。


——磺胺剂一天要吃十次。

——十次？不会太多吗？

——只能选择吃或不吃。

❧

安德烈（André B.）的姑姑送了他一条厚重而且十分花哨的围巾。由于她每天早上都要确定他有没有戴好围巾再出门，所以他穿着衬衫就去跟她道别，走到门口，迅速地罩上外套和大衣之后再出门。

❧

一开始我们在孤独中创造，觉得很不容易，但后来我们会有一起写作和创造的小圈圈。此时我们方知这做法有多荒谬，而最初那样才是幸福。

⋯⋯⋯⋯⋯⋯⋯⋯⋯⋯⋯⋯⋯⋯⋯⋯⋯⋯⋯⋯⋯⋯⋯⋯⋯⋯⋯

❧

小说结尾。"人是种宗教动物"，他说。然后一场毫不容情的雨在这残酷的土地上落了下来。

❧

创世修正版：他是这个和人一样古老的宗教的唯一代表，而且他还四处受到追捕。

❧

在知道自己有哪些弱点的情况下，我已经尽全力去当一个道德人士了。道德会杀人。

❧

地狱专门保留给那些非常需要特别优惠的人。

❧

贝尔认为[1]，不该只就一个人说了什么或写了什么来评断他。我要加上：也不该就他做了什么来评断。

❧

坏名声比好名声容易承担多了，因为后者背负起来更沉重，

---

1　贝尔，即司汤达，贝尔是他的本姓，司汤达是笔名。——译注

你必须表现得名副其实，而任何偏差都会被看成像是你犯了罪。坏名声的话，名实不符却可以当作是你在与人为善。

❧❧

纪德晚餐。年轻作者来信，质疑自己该不该坚持下去，纪德回答："什么？您可以忍住不写而且犹豫不决？"

❧❧

刚开始我们谁都不爱。然后我们会去泛爱众人。接着我们只爱其中几个，然后是某一位女性，然后是那唯一的男性。

❧❧

十年后的阿尔及尔。那些我几经迟疑才认出的脸都老了。这是一场盖尔芒特家的晚宴[1]。但放大到一座令我迷惘的城市里。没有对自我的回归。我随着这片看不到边际的人群，不稍停伫地朝着一个坑洞涌去，然后一批挨着一批，全数跌落坑底，因为后面还有另外一群人在推挤着，而这群人自己也……

❧❧

---

1　在普鲁斯特的小说《追忆逝水年华》中，主角于离去多年之后重返巴黎社交圈，在盖尔芒特家的宴会上与昔日友人相逢，见到他们的形貌皆已改变得难以辨认。——译注

深夜里从飞机上，巴利阿里群岛的灯火，像海中花。

❦

M。"如果我看起来很快乐，他们就会感到失望，他们盘诘我，想让我承认这是不对的，把我拉到他们那边，将我带进他们的世界。他们有种被背叛的感觉。"

❦

活着，就是检验。

❦

让·格勒尼埃。"不为"（non-faire）就是对未来的甘心领受——但同时怀抱着对过往的悲悼。这是一种死亡哲学。

❦

关于《唐璜》或《巴马修道院》的论述。以及法国文学一向的主张，亦即认为个人须保持其心灵之可塑性与抵抗力。

❦

亚历山大·勃洛克 [1]

"哦！孩子们如果你们知道

未来日子里的阴暗和寒冷。"

以及：

"在人间行走并假装自己尚存在着，

是多么痛苦的一件事。"

还有：

"我们全都很不幸。我们的祖国就是一片令人愤慨扰攘的土地。我们每个人都活在一座中国的长城后面，却又彼此瞧不起。我们真正的敌人，是那些司祭、伏特加酒、国王和宪警，他们遮着脸，对我们挑拨离间。我一定要强迫自己忘掉……这一整片的泥沼，如此才能成为一个真正的人，而不是一台恨的孵化机……

……我只爱艺术、儿童和死亡。"

同上。面对穷人的无知和筋疲力尽：

"羞愧和绝望让我的血都冻结了。这一切都不过是空洞、恶劣、盲目、不幸。唯有一完全的悲悯之心，能够带来改变……我会有如此的反应是因为我于心不安……我知道我该怎么办：捐出我所有的钱，请求所有人的原谅，散尽我的财产、我的衣

---

1　亚历山大·勃洛克（1880—1921）：俄国诗人，俄国革命的先驱之一，他的很多想法启发了 1905 年的俄国革命。——译注

裳……但我不能……我不愿意……"

"哦！我亲爱，至爱的贱民们！"

"那些在艺术边缘上的无法受到喜爱"然而："人都会死，但艺术长存。"

๛

普罗科施[1]。《七个逃亡者》。"所有的人都恨他但所有的人也都妒忌他那闪亮的微笑，而他却强烈怀疑大部分人眼中那最珍贵的财产，那他们打从心底热切渴望的，亦即美那无法拥有且稍纵即逝的光芒。"

"哨兵：岩群；它们脚下是广袤的高原，头上是星空。除了强者外别无他物；在这种地方，他们，这些永恒的哨兵，所拒绝承认的是脆弱，换言之即精神上的不纯粹和易碎性。"

"……那些在幼年和青春时期热情如火之际，却不知已将所有爱的能力遗落于何方之人。"

页 106，令人激赏。

"……他的母亲，是唯一曾经激发他那种我们称之为，也许不能说是爱，而是忠心耿耿的人。"

---

1　普罗科施（Frederic Prokosch, 1906—1989）：美国作家，《七个逃亡者》是他于 1937 年出版的第二本小说。加缪在此读的是赛利和史密斯（R. Celli & J. Smith）1948 年的法译本。——译注

　　"这个世界！他们谈论着战争、金钱、饥荒、不公义还有别的一切。但真相其实比这更重大、更深刻、更可怕，而且可怕许多！您想知道是什么吗？那就是：对死亡的爱。"

　　"我说会有一把大火……一切都将付之一炬。一切。除非是那些将会受到净化并获得永生之人，借由精神的火焰。借由爱。"

　　"什么样的爱？"

　　"那种毁灭性的爱。没有平息亦无止尽的爱"

✵

　　一个在漫天黄雾里发生的短篇故事。

✵

　　难道我们只要不接受这世界的某一部分，这世上就能住人吗？反对命运之爱（Amor fati）。人是唯一会拒绝做自己的动物。

✵

　　"啊！如果我不知道死并不能让人安息，而且坟墓中亦有种可怕的焦虑在等着我们，我会很愿意自杀。"[1]

---

1　这一句在手稿中用括号括起来，后来第一份打字稿中被删去，或更有可能的是被漏掉的。——原编注

❦

一个检察官走进受刑人的小牢房里。后者的年纪还很轻。笑眯眯地。问他要不要写点什么。好，他说。然后写下"胜利之日"几个字。一径地笑。检察官又问他什么都不需要了吗。也不是，年轻人说。然后一巴掌用力甩过来。旁人见状蜂拥而上。检察官迟疑了。所有那亘古以来的恨意正慢慢在消退。但他没有动静，一个念头缓缓在他心中升起。我们不能拿他怎么样。年轻人笑吟吟地望着他。不错，他喜滋滋地说，不能怎么样。检察官到妻子那边去。但她说：那你做了什么？你没有对他……

"什么？"

"果然。不能怎么样了。"

经过一场又一场的审判，这检察官用恨在他的战线上服务。碰到的每一个被告，他都等着对方的屈从。但没有。他们都没有异议。

之后他用了太多的恨来办案。偏离正轨。成了异端。大家便判他有罪。于是一股浪潮回涌。这次的是自由。轮到他来甩检察官巴掌。完全一样的场面。只不过他没有笑，而对方的脸就在他眼前。"您难道不想……"

他看着检察官："不想，"他说："我们走吧。"

❧

反抗思想推到极限：因为拒绝成为那种集体谋杀的共谋，而接受自己去杀人。

❧

友谊中的责任感有助于忍受社交之乐趣。

❧

《柴堆》。"这在第二阶段对我冲击至深的，前一个阶段里我甚至仍对它一无所知，然而我的生命却已从此因它而饱满而缤纷。"

❧

同上。"我想象着她。我知道在某些清晨里，前一晚邂逅的人儿以及那些我们在最初几次吐露心曲时所感受到模糊的甜蜜，这一切的形影会突然清晰起来，而昨夜那有些狂野的酒醉成了阳光一般、那种由最纯粹的勾引所引起的喜悦。"

❧

夏尔。这地上的安静岩块坠自一场幽冥之灾。[1]

❧

我有两三个会被人认为是罪过的癖好，我自己也这么觉得，并试着用意志来改正。我偶尔会成功。

❧

雅各布[2]："早熟的经验是靠很强的记性制造出来的。"增进自己的记忆力，其他事情先摆一边。

"急促和生硬都是懒散造成的。"

"不要看不起小人物，也不要鄙视大人物"（给我的）

❧

小说。集中营归来。他到了，先恢复一下，他上气不接下气，但态度明确。"就这么一次，我会满足你们的好奇心。但是之后希望大家不要再问我问题了。"接下来是一段冷静的陈述。

譬如：我走出来了。

---

1　Calme bloc ici-bas chu d'un désastre obscur，原是马拉美诗作《爱伦坡之墓》(*Le tombeau d'Edgar Poe*) 中的一句。将诗人比喻成来自外层空间陨石。——译注

2　雅各布（Max Jacob, 1876—1944）：法国诗人、画家和作家，是立体主义者和超现实主义的先驱。他是犹太人，后来改信天主教，但最后还是死在集中营里。——译注

讲出来的话都很无情，一清二楚。再也没有模糊地带。

我想抽烟。

吐出第一口烟。他转过身来，笑了。

对不起，他用同样平静而坚定的语调说。

之后就绝口不提了。他过着最平庸的日子。唯有一事：他不再碰他的妻子。直到她发作，他的解释是："只要是人性的，我都觉得非常恐怖。"

∾

2—6月的计划。

（1）吊人索[1]。

（2）反抗者。

订出三卷散文集的大纲

（1）文学集。前言——牛头人身＋普罗米修斯下地狱＋海伦的放逐＋阿尔及利亚的城市＋……

（2）评论集。前言——尚福尔＋智慧与绞刑台＋阿格里巴·多比涅＋《意大利纪事》前言＋论唐璜＋让·格勒尼埃。

（3）政论集。前言——十篇编辑手札＋智慧与勇气＋不是受难者，也不是刽子手＋覆达斯提耶＋为什么是西班牙＋艺术

---

1　这是剧本《正义者》的最初标题。——原编注

家与自由。

2月18—28日:《吊人索》初稿完成。

3—4月:《反抗者》初稿完成。

5月: 散文。

6月:《吊人索》和《反抗者》修改初稿。

早起。早餐前冲澡。

中午前不抽烟。

对工作执着。执着能克服不足。

肖像。她潋滟的睛光，在帽子面纱下流转。沉静之美，有点像卖牛奶的女郎。她突然开口说话，嘴唇噘成一个平行四边形。好丑。上流社会的女人。

人家跟他说话。他说话。突然间，他继续着他的句子，眼神却走掉了，即使迫于情势仍停留在您的身上，但已偏离正轨。有女人缘的男人。

卡尔·格哈德（Karl Gerhard），希姆莱[1]的前主治医师（并对达豪集中营的状况知情），他的遗言："我很遗憾这世上仍存在着不公义。"

⌘⌘

人必须拥有自我，自我牺牲才有意义。否则，牺牲只是为了逃避个人的不幸。你没有的东西要怎么给人？在放下武器之前，先成为自己的主宰。

⌘⌘

X："那是我得腹膜炎那年。那时候我刚得了肠穿孔……"等等，等等。内脏历法。

⌘⌘

审判。——当我们想到一个伟大心灵的探索所意味着的无可取代性，其背后蕴藏的知识总和，以及必须和自我以及无情的苍天进行多少惨烈的战役才能赢取胜利，然而最后只需三个法庭上的奴才……

---

1　希姆莱（Heinrich Himmler, 1900—1945）：纳粹德国的重要政治首领，纳粹在二次大战期间大屠杀等诸多罪行的主要负责人之一，后被俘自尽。——译注

❦

在一个不再相信罪恶的世界里，传教成了艺术家的责任。但如果过去传教士的话语能够远播，那是因为里面有许多例证。艺术家于是想要以身作则。此即为何他每将事情闹大之后，不是遭到枪决就是被流放。然而德行教化的速度永远比不上拿起枪杆子冲锋陷阵。这是场实力悬殊之战。

❦

亚历山大二世遭暗杀之后，执行委员会上书给亚历山大三世：

"……我们比任何人都能理解，浪费如此多的人力与精力来从事破坏，有多么令人可悲……"

"……各种概念间的和平战斗将取代那吾人憎之更甚于您的仆役恨之，且吾人仅在可悲之必要时采取的暴力手段。"

——见雷萨科夫那奇怪的证词。为了活命随时都可以出卖同志。不过他会给自己找理由（《俄罗斯著名案例》，第 137 页）。

施密特中尉。"我的死能让一切至善至美，再加上被刑求的冠冕，我的志业简直完美得无懈可击。"

❦

G。这张被享乐那丑陋的侵蚀作用所打磨过的嘴。

❧

反抗。用一章来讲外在（自己的或别人的）。为了追求时尚，人会采取许多行动，其中甚至包括革命。

❧

人只要无法克服欲望，他就什么也克服不了。而人几乎从未克服过它。

❧

维纳韦尔[1]。作家最后还是必须为他的行为，对社会负责。但他应该（以极其谦卑的低姿态）接受不去事先顾虑到他的责任，也不去管自己所支持的社会运动是否形势大好，只要他还在写作——他就应该去冒这个险。

❧

散文。概论。如果我们既非基督徒亦非马克思主义的信

---

1　维纳韦尔（Michel Vinaver, 1927- ）：法国剧作家。维纳韦尔与加缪初识于 1946 年，加缪当年已是知名作家而维纳韦尔还在念大学，他是加缪的崇拜者，加缪赏识维的才华，帮他在伽利玛出版了他的第一本小说《拉多姆》（*Lataume* ），维纳韦尔后来因剧本创作而成名。——译注

徒，为何要拒绝密告、警察等等。我们没有这样的价值观。在我们为这些价值观找到一个新的基础之前，我们对善恶的区分法（当我们有需要时）就注定要站不住脚。在这样的日子到来之前，德行就一直不会是正当的。

❧

第一系列。从我最前面几本书（《婚礼集》）一直到《吊人索》和《反抗者》，我所有的气力其实都花在去除个人色彩（每一次的语调都不一样）。接下来，我应该可以用我的名字来发言了。

❧

令我感兴趣的是那些伟大的心灵——而且也只有他们。但我不是一个伟大的心灵。

❧

文集的前言[1]。"我的遗憾之一是曾经对客观性做了太多的让步。客观，有的时候是一种谄媚。今天，事情都很清楚了，凡有集中营特性的就该称之为集中营式，即使社会主义亦然。在某种程度上，我再也不会有礼貌了。"

---

1 《时事集》的前言草稿。——原编注

我曾经强迫自己客观，这与我的本性完全相反。那是因为当时我对自由仍有怀疑。

∾≈

亚历山大二世暗杀行动的策划人热利亚博夫，在事发前的四十八小时就被捕了。他提出要求，希望能和投掷炸弹的雷萨科夫一起被处决。

"为什么只能搭一座绞架而不是两座？唯一解释就是这个政府太懦弱。"

∾≈

吉宾纳（Zybine）在警备队任译电员，无人能出其右，后来又被国家政治指导局（G. P. U.）留任。同上。曾替警备队筹划犹太人迫害行动的科米萨罗夫（Kommissarov），后来调去"契卡"。"转入地下"（不合法）。

"恐怖攻击须先经过严密的策划。党为此将负起道义责任。这可确保英勇斗士们的心灵获得不可或缺的平静。"

亚泽夫[1]——柏林某郊区墓园里一个坟头，编号一〇四六六。

---

[1] 亚泽夫（Azev, 1869—1918）：他有两个身份，一是社会革命党的创立者，负责策划恐怖行动，另一是警备队派在革命党人中卧底的间谍。——译注

普勒韦[1]遭到暗杀的几天前，他向警备局的罗普新（Lopoukhine）发出"全面"警示并要求加薪。他去密告了那些南方的恐怖分子，好让彼得堡的人可以大展身手。普勒韦被刺身亡；亚泽夫曾说过："您该担心的不是这方面（葛舒涅[2]）。"

❦

祖巴托夫[3]局长。在一个假调查委员前替被告辩护。然后把对方变成他的线民

十个革命分子中有九个会爱上他的线民生涯。

❦

1905年的革命是从一家莫斯科印刷厂的罢工开始，那家印刷厂的工人要求在算"字数"的时候也要把句点和逗点算进去。

1905年圣彼得堡的苏维埃发动罢工的口号是废除死刑。

❦

---

1　普勒韦（Plehve,1846—1904）：曾任尼古拉二世的内政大臣，是个保守的反动派。——译注

2　此处原文作 Guerchoum，应是 Guerchouni 之误。葛舒涅（Grigouri Guerchouni, 1870—1908）：俄国革命家，和亚泽夫同为社会革命党创始人之一，后被亚泽夫出卖。——译注

3　祖巴托夫（Zoubatov, 1864—1917）：帝俄时代的著名的警界人物，年轻时代曾参加革命运动，转任警界后善于利用以往的经验，让不少革命志士"变节"。——译注

在莫斯科公社期间，图布奈亚广场（Place Trubnaïa），一栋被炮火摧毁的建筑前面，一个盘子里面装了几块人肉，旁边一面牌子上写着："请把零钱捐给受害者。"

❧

煽动。马林诺夫斯基案。参考拉波尔特（Laporte, pp.175-176）。

访谈。布赫采夫（Bourtzev）——亚泽夫，于宣判后，在法兰克福。见拉波尔特（p.221）。

❧

暗杀斯托雷平的德米特里·博格罗夫，竟然获准穿燕尾服上绞架。

❧

6月1日结束。接着旅行。日记。生命的力量。永远不要陷在困境里。

❧

一篇关于不在场证明的散文。

❦

我们可以把整部俄罗斯恐怖主义史看成是知识分子与极权主义在沉默的人民面前所进行的斗争。

❦

小说。在集中营里那无止尽的悲惨中，一个难以形容幸福片刻。

❦

大体而言，福音书是很实际的，但人们却认为它不可行。它知道人没有办法纯洁。所以它会尽量承认人的不洁，亦即宽恕。会犯罪的总是那些判人罪的……只有那些绝对无辜的可以去给人定罪……此即何以上帝必定是绝对地无辜。

❦

置人于死，是剥夺了他改善的机会。

❦

人没有几个绝望的好理由要怎么活！

～～

前言——自称革命分子，另外还反对死刑[1]（引述托尔斯泰前言——知道托尔斯泰这篇前言的人并不多，但我已到了一个会去恭读它的年纪了）、自由的极限以及战争，这些都是毫无意义的。所以不应该宣称自己是革命分子——比较谦虚说法是改革分子。但却是一种绝不妥协的改革。最后，在深思熟虑之后，我们可以说自己是反抗者。

～～

（您会坏了自己的声誉，人们对我说。

——我乐见其成，如果它是靠这个在灌溉的话。）[2]

～～

柴可夫斯基会在心不在焉的状况下吃纸（即使是非常重要的纸张，譬如说要送法务部的文件）。

"他内心升起一股创造的渴望，其强烈程度唯有他工作时那种巨大的无力感足以平息之。"（皮耶贝罗娃〔N.Berberova〕）

---

1　见《时事集》。——原编注

2　手稿中这两句和前面一段是连在一起的，显然是前段的注脚。——原编注

"如果艺术家这种我们称之为灵感的强烈情绪从不间断的话，那日子就过不下去了"（柴可夫斯基）。

"在闲下来的时候，我内心会充满一种永远无法完美的焦虑，一种不满足，一种对自己的厌恨。我觉得自己一无是处，只能透过我那大作曲家的身份，来掩饰自己的缺陷，让自己升格为人，那种深层意义的人……我受这想法的骚扰、折磨。是工作救了我。"（柴可夫斯基）

然而他的音乐，常常是普通而已。

❧

招兵买马。平庸的文人大部分会投靠共产主义。这样的观点才能让他们高高在上地论断艺术家。从这个角度来看，这是个有志难伸者的党。难怪报名踊跃，意料中之事。

❧

1949 年 5 月。如今：像他们说的那样扬弃"人"。

❧

我从前会给自己找很多题目作为强迫自己发言的借口。

❧

政论集前言。从这个角度来看，最后一篇文章差不多将我的想法都表达出来了，亦即现代人对政治的关怀是被逼出来的。我对这方面的关怀乃属于一种正当防卫，还有就是——这与其是我的优点还不如说是缺点——我从来不知如何推卸责任。

❧

我们之所以无法相信善意、道德和无私。要归咎心理学。但我们无法相信恶，等等，要归咎历史。

❧

小说[1]。石头恋人。而今他明白在这份爱情之中总是令他感到痛苦的是什么，而这本来可以解决的，如果……就在……的时候，一阵天上吹来的风将心中正热情如火的他们化为石头。于是他们从此只能永远地面对面，一动也不动，终于摆脱了这片残酷的大地，再也感受不到他们四周那些汹涌的欲念，彼此凝视，仿佛凝视着互补式爱情光辉的那一面。

❧

我们说出来的不到我们明白的四分之一。否则，一切都要

---

1　这一段是由编者复原的。——原编注

垮了。我们才说一点，他们就开始尖叫了。

❧

一旦见过一次幸福光彩跃然于自己心爱之人脸上，我们便能明白一个人的天职无非是令他四周的脸庞全绽放出这般的光亮……而想到只要我们还活着，就会将不幸和黑夜扔进我们遇见的人的心里面，因此感到痛心。

❧

当北方蛮族将温暖的普罗旺斯王国摧毁并将我们全变成法兰西人之际……

❧

穆尼耶（Mounier）在《精神》（Esprit）杂志上劝我不要碰政治，因为我没有那个头脑（这个，其实很明显），劝我安于那很够高尚而且非常适合我的警钟角色。但什么是政治头脑？读完《精神》杂志后我仍一无所知。至于"高尚"的警钟角色，需要一种无瑕的良知。至于我自己唯一感受到的使命感，是让良知者知道他们并非无瑕，让理性者知道他们还缺少某种东西。

❧

**1949 年 7 月**

见《南美洲日记》(*Journal Amérique du Sud*)。1949 年 6—8 月。

❧

**1949 年 9 月**

最后，重新评价杀人者，将他与荒谬、冷酷和不具名的毁灭行动做对比。称许那种一对一的杀人行为，就是在反抗的路上又跨出了一步。

❧

在已充分拥有其余一切（除了我毫不感兴趣的财富之外）的情况下，我这辈子唯一必须努力的：过一种正常人的生活。我不想当一个内心有深渊的人。但此一无法衡量的努力并未发生任何作用。渐渐地，我见到的不是自己越做越好，而是深渊越逼越近。

❧

乔治乌（Gheorghiu）说得没错，耶稣是和两个强盗一起被判刑（和受刑的）。公元零年时候的人就已经懂得如何混淆视听了。

今天，乔氏认为唯一的进步：被钉在两个罪人中间的是一万个清白者。

❧

……凯瑟琳大帝出巡时，波将金命人在沿途村落搭建的那些门面。

❧

切札普斯基（Czapski）（《非人之地》〔*Terre inhumaine*〕）提到俄国小孩会往那些雪地里的德国士兵尸体泼水，隔天早上这些结冰的尸体便能拿来当雪橇。

❧

陀思妥耶夫斯基说，要先爱生命，再去爱生命的意义。没错，如果对活着的爱消失了，任何意义也安慰不了我们。

❧

伟大的伊玛目阿里（Iman Ali）[1]："这世界就是一具死尸。

---

1 Iman 应是 Imam 之误。——译注

任何想要分得这世界一小块的，就得与群狗为伍。”

❧❧

司汤达。“德国人跟别的民族之不同：冥思默想会让他们更加狂热而非心平气和。第二个差异——他们想要有个性，想得要死。”

❧❧

施佩贝尔。“上帝会惩罚那些假装虔诚的人，他们不上教堂，却去参加革命党，想把那儿变成教堂。”

——共产主义，持怀疑论的狂热分子。

——论某大师（格勒尼埃？）：“能够认识他是很大的福气，追随他却不是智举，但一定不会错的是，永远都不要背弃他。”

❧❧

同上。罗莎·卢森堡之死：“对其他人来说，她已经死了十二年了。对他们而言，她这十二年来随时可能会死。”

❧❧

“牺牲是无法隔离的。每个牺牲自我的个人背后，都站着一群他没问他们意见就拉着一起牺牲的别人。”

　　他们希望人民过得好，但他们并不爱人民。他们谁都不爱，包括他们自己。

⤸◦⤷

## 1949 年 10 月

　　小说。"曾经他性灵中很遥远的某处，他爱着他们。他们是真的被爱过，但隔着如此的距离，以至于爱这个字有了新的意义。"

　　"他渴望两样东西，其一是完全拥有。其二是他想留给她的完全的回忆。男人都非常明白爱总有天会消逝，致使他们只要还爱着，就会一直去塑造日后对这份爱的回忆。他希望自己在她心目中留下伟大的形象，这样他们的爱情就能永垂不朽了。但现在他知道自己并不伟大，而且她迟早也会看到这点，到时候完全回忆就要被那至少对他而言是完全的死亡所取代了。胜算，他唯一的胜算，就是让她认知到爱可以很伟大，即使爱人并不伟大。但这么强烈的谦卑。他当时还没准备好。"

　　"他无论走到哪里，都忘不了她那张受到痛楚啃噬的脸，像烧红的铁烙在他心上一般……大概就是那阵子他开始失去在此之前一直支撑着他的自尊心……他这种层次的不是爱，她说得没错。"

　　"我们的爱可以无视于锁链，穿透好几米厚的石墙，等等……然而只要心里有一丁点迫于责任的想法，真爱就不可能了。"

"他想象一个孤独而充满痛苦的未来。而且他在这些想象中找到一种难以满足的快感。但这是因为他假设痛苦应是高贵而愉悦的。所以事实上他想象的未来里并没有痛苦。相反地，一旦痛苦开始存在，生机亦不复存。"

"他对她说，男人的爱就是这样，是一种意志力，而非恩慈，而他要做的就是征服他自己。她向他保证这不是爱。"

"他失去了一切，甚至连孤独也不能了。"

"他对她吼说，这对他而言等于死路一条，但她不为所动。因为她认为，他既然失败了，就该去死。这是她对他的最高要求。"

"一切都可以原谅，而第一个要原谅的就是存在。存在到后来总是会变成一种恶劣的行径。"

"他就是在这天失去她的。虽然好像是后来才交到厄运。但他知道那天才是关键。为了留住她，他必须永远不能有失误。她的要求如此之高，致使他不可能犯下任何的错，露出一丝的软弱。别人这样她都可以接受，她过去可以，将来也可以。就他不行。这是爱的特殊待遇。"

"爱的里面有一种荣誉。失去了它，爱便什么也不是。"

❧

"未爱之前我很渺小，确切地说那是因为我偶尔还会想把自己看得很伟大。"（司汤达，《爱情论》）

❧

　　有着敏锐的感受力和平庸的心。或者说他的长处在于感受力，而不是他的心。她个性中令他受到吸引的，是那外放的生命力，那浪漫作风，那游戏人间和那演出。

❧

　　绝望是不知道自己奋斗的理由，以及是否该奋斗。

　　走在巴黎街头，想起：巴西乡间的烈焰以及咖啡和香料的气味。彼时坠落在这片广袤无垠大地上，忧郁而残酷的黄昏。

❧

　　反抗。荒谬意味着没有选择。活着就是选择。选择就是杀死。和荒谬抗衡的，是杀人。

❧

　　吉尤。艺术家的不幸，在于他既非全然的僧侣，亦非全然的俗众——但两边的诱惑他都得承受。

❧

　　目前真正的问题——惩罚。

❧

　　有谁能够道出那与造物同一阵线反抗造物者之人，那不再自认无辜，亦不认为他人无辜，并断定所有造物，包括他自己，皆与造物者同罪之人的苦难。

❧

　　莫内罗[1]。"一个概念制造者（他指的是黑格尔）是否多产，可以由潜在翻译（诠释）的多样性得到证明。"

　　当然不对。艺术家是这样没错，但思想家的话绝非如此。

❧

　　小说。死刑犯。不过送到他手上的一瓶氰化物……于是，在囚室的孤寂中，他笑了起来。一股巨大的自在填满他的内心。他再也不必紧挨着墙壁踱步。整个夜晚都是他的。他终于可以选择了……对自己说"走吧"之后又"不，再等一下"并细细品味这片刻……何等的反击！何等的驳斥！

❧

---

1　莫内罗（Jules Monnerot, 1908—1995）：法国社会学家，新闻记者，政治立场本来走的是极左路线，后来又转为支持极右派。——译注

297

没有爱的人可以试着拥有荣耀。可悲的荣耀。

❧

F：什么都不以爱为基础的疯狂，不会为了爱而去打破什么的疯狂。

❧

神之所以会死在十字架上，是因为他妒忌我们的痛苦。他还不至于有这种奇怪的看法……

1949 年 10 月底。复发。

一个病患要干干净净的才能不引人注意，受到谅解。这还不够！他甚至连保持整洁都是非比寻常、启人疑窦——就好像那些骗子会别在领口上的特大号缎带花。

❧

都认定自己已经痊愈那么久了，这次复发对我应该是个很大的打击。它的确重击了我。但因为是继一连串没完没了的打击之后而来，它反倒让我想笑。我总算自由了。疯狂也是解放。

❧

"他敏感得可以用手摸到痛苦"（艾米·洛威尔笔下的济慈）

∽∾

仍是济慈。"再没有比自诩为伟大作家更大的罪宗了。这样的罪状的确是会遭到重罚。"

∽∾

"去修道院，奥菲莉（Ophélie）！"是的，占有她的唯一方法，就是让她不属于任何人。除非是上帝，人们轻易能忍受他的优势：它们不会去碰触到身体。

∽∾

如果有灵魂，不要误以为我们得到的是成品。灵魂需要一辈子的时间来成形。而活着无非就是为了此一漫长而痛苦的分娩过程。当我们以受苦造就的灵魂准备好了，死期也到了。

∽∾

"我很高兴这个尘世里还有像坟墓这样的东西"（济慈）。

∽∾

切斯特顿[1]。正义是一种奥秘，而非幻觉。

❦

至于布朗宁[2]：普通人——这就是他吸引我的地方。

❦

克莱斯特[3]烧了两次自己的手稿……弗朗切斯卡晚年眼睛瞎掉，易卜生最后得了失忆症，重新学认字……振作！振作！

❦

美，有助于生，也有助于死。

❦

数千年来，这个世界一直就像这些文艺复兴时期的意大利绘画。画中，冰冷的石板上，当有人正遭受严刑拷打时，旁边的人竟可以完全心不在焉地望着别处。和关注者的人数

---

1　切斯特顿（Chesterton, 1874—1936）：20世纪初英国最重要的作家之一，作品涵盖范围极广，包括哲学、诗、文艺评论、基督教神学和推理小说等等。——译注

2　布朗宁（Browning, 1812—1889）：英国诗人、剧作家。——译注

3　克莱斯特（Kleist, 1777—1811）：德国诗人，剧作家，小说家。——译注

比起来，这些"漠然者"的数目庞大得令人昏眩。历史的特点，在于大部分的人对他人的苦难毫不在乎。虽然漠然者有时候不会一直漠然，但包围着他们的还是那股普遍性的散漫状态，以至于起不了作用。今天，大家都会露出一副很关心的样子。突然之间，官厅里的每一个目击者全都转过身去看着那鞭刑犯。

∾

培尔·金特对乡人说，魔鬼向大家保证可以装出几可乱真的猪叫。魔鬼出来，表演开始。但演出结束后，大家都很有意见。有的觉得声音太细，有的觉得太造作。一致同意的是猪叫没那么夸张。然而他们听到的，是魔鬼藏在大衣底下的那只小猪被拧疼了所发出的叫声。

∾

唐·乔万尼的末日：此前一直保持沉默的天谴之声，突然之间充满了整个宇宙。这些声音就在那儿，是一群秘密观众，数量比活人还多。

∾

拉伊克案开庭[1]：客观上有罪（Criminel objectif）的概念瓦解了人性两面说。这是很常见的一个诉讼概念，但过于简化。

∽∾

马克思主义是一个手续很复杂的思想体系，但没有判例。

∽∾

值得注意：整个开庭期间，拉伊克的头一径地往右边歪，从前他绝不会出现这样的动作。

∽∾

同上。一群被判处死刑但实际上未曾执行的犯人，住在西伯利亚，或别处，另外一个人生（小说主角）。

∽∾

反对死刑。费希特[2]。"自然法体系。"

∽∾

---

1　拉伊克（László Rajk, 1909—1949）：匈牙利共产党领导人，1949 年在执政党内的肃清运动中遭人以虚构罪名诬陷而被判处死刑，这一段是为《反抗者》所做的笔记。——译注

2　费希特（Fichte,1762—1814）：德国哲学家，德国唯心主义的重要人物，德国国族主义的奠基者之一。——译注

　　小说（结局）。他犹记得当年自己嗜读名人传记，一页页地朝着他们的死亡飞奔而去。他彼时急欲知那些天才、伟人和聪明人会拿出什么来和死亡抗衡。如今他已知这股狂热不过是徒劳，而这些伟人的生平其实不足为训。天才亦不知死。贫苦的妇人却知。

᠀᠀

　　伟大者，即力行之。别无他途（此即何以M是个伟大的女性）。

᠀᠀

　　任何有奴隶需求的地方，都需要有尽可能多的音乐。据托尔斯泰的转述，这至少是德国某亲王的想法。

᠀᠀

　　"服从！"普鲁士的腓特烈说。但临死前："我对统治一群奴隶已感到厌倦。"

᠀᠀

　　小说。"我曾经设法不让他的自由置我于死地。如果我知道该怎么办，早就还他自由了。"

❧

高尔基说到托尔斯泰："这人一直在寻找上帝，不为他自己，而是为了别人，但求他可以让他，作为一个人的他，在他为自己选择的沙漠里不受打扰，"

同上。"只要这人还存在着，我在这地上就不会孤苦伶仃。"

❧

当扬·胡斯[1]被处以火刑时，一个和善的小老太婆在众目睽睽下走出来，把她怀里抱着的那捆柴枝往柴堆上添。

❧

有时候我们会像浸淫在身体的病痛里那样，沉湎于苦恼而无法自拔：躺平。不动，没有斗志也没有未来，只听得见那些无止尽的剧烈阵痛。

❧

克服？但痛苦就是这样，一种从无人能超越的东西。

---

1　扬·胡斯（Jean Huss, 1369—1415）：捷克的宗教改革家，鼓吹民族主义，被罗马教廷视为异端革除教籍并遭判处火刑。胡斯死后捷克人民起来反抗罗马教廷和神圣罗马帝国，是为胡斯战争。——译注

❦

小说。"当她还在时，虽然我们会互相伤害，但我彼时的痛苦和眼泪都是有意义的。因为她看得见。她离开后，这痛苦变得很空洞，没有未来。而真正的痛苦是空洞的痛苦。在她身旁受苦是一种甜美的幸福。但孤独且没有人在乎的痛苦，就盛在那只不停地被端来我们面前的酒杯里，我们顽强地掉头过去，但总有一天非饮不可，那天会比死亡之日还恐怖。"

❦

痛苦之夜过后是宿醉——和其他夜晚没有什么不同。

❦

小说。"最后要说的。重点不在和一个已经消失的倩影展开一场甜蜜又苦涩的对话。重点在于谨慎地、毫不容情地将她从我内心深处铲除，将这个容颜损毁，以免回忆会让我的心再度万念俱灰……""杀了这份爱，哦！我的爱。"

❦

同上。"十年来他没有办法走进任何一间表演厅……"

❧❧

写海的散文 [1]。

绝望的人没有故乡。而我，我知道海的存在，所以我能够在这个枯燥乏味的时代活下来。

于是那些相爱而无法聚首的人可以在痛苦中活下去。但，无论他们的说法是什么，他们并非活在绝望之中：他们知道爱的存在。

❧❧

人们一方面顽固地认为婚姻就是爱，另一方面又将爱与幸福混为一谈。其实它们毫不相干。在大部分的婚姻里都没有爱的情况下，这就是为什么有些婚姻可以很美满。

❧❧

非自愿性的承诺。

❧❧

肉体上的嫉妒有一大部分是人对自我的一种判断。因为我

---

1　见《夏》中的《近观的海》（ *La Mer au plus près* ）。——原编注

们知道自己会怎么想，于是就想象对方也会这么想。

❧

海上的日子，依史蒂文森[1]之见，这样的人生教人"难以忘记，难以想起"。

❧

蓝柏[2]。"目前我把我所有的同情心都留给自己。"

❧

吉尤。"到头来，写作不是为了说，而是为了不说。"

❧

小说。"在饱受这些痛苦的折磨之后，我转向了那个谁都不爱的我，往里头寻求庇护。我在那儿稍微喘口气。然后还是低着头，又回到了矮树林和荆棘丛里。"

❧

---

1　史蒂文森（Stevenson, 1850—1894）：苏格兰小说家，最著名的作品是《金银岛》——译注。

2　蓝柏（E. Lambert），让·格勒尼埃的朋友，曾将加缪引荐给吉尤。——原编注今天，美德值得褒奖，伟大的牺牲却得不到支持。殉道者遭到遗忘。他们挺身而出，受到我们的瞩目。一旦倒下，报纸继续报别的。

∽∾

记者梅尔（Merle），到处敲诈勒索，却无法从他一年到头在他们报纸上毁谤中伤的 X 那儿得到什么。梅尔于是改变策略，开始拼命地对他的受害人歌功颂德，结果对方立刻把钱奉上。

∽∾

托尔斯泰，在希布宁案中出庭为那因殴打上级长官而送军法审判的不幸士兵辩护——在他被判死刑后还为他提出申诉——写信给他的姑妈请她向军事部长说情。但军事部长只发现托尔斯泰忘了附上军团地址，以至于他无法介入此案。托尔斯泰收到信要他补上地址的隔天，希布宁就被处决了，因为托尔斯泰的过失。

∽∾

人们在托尔斯泰的工作台上，找到他最后一部尚未完成的作品：《这世上，没有罪人》

∽∾

他出生于 1828 年。1863 至 1869 年间完成《战争与和平》。从 35 岁写到 41 岁。

❧

人生过于漫长，格林认为。"我们难道不能在 7 岁的时候犯下我们的第一个死罪，10 岁时因着爱或恨而自我毁灭，然后在 15 岁临终的床上为了得救而搏斗吗？"

❧

犯了通奸罪的斯考比[1]。"美德、贞洁的生命，在夜里如罪恶诱人般地诱惑着他。"

同上。"人类的情爱完全不知胜利为何物，顶多在死亡或变得麻木不仁的最后惨败之前，勉强有过几次不足挂齿的策略性成功。"

同上。"爱不是了解，而是渴望了解，然而由于一再地失败，这样的渴望也会很快地消失，而爱……"

❧

玛莉·多尔瓦[2]对维尼："你不了解我！你不了解我！"经

---

1　这一段是格林小说《问题的核心》的法文摘录，斯考比即小说中的主人翁。——译注

2　玛莉·多尔瓦（Marie Dorval, 1798—1849）：19 世纪法国最知名的女演员之一，曾是诗人维尼的情妇。——译注

过了这么久的别离，她的表现有些失常。"告诉我，这是真的吗？肉体的欢愉会让我想要尖叫？"

图卢兹观众颁给她的通行证上："纤腰楚楚，发似飞蓬，艳光四射"

"我和德·维尼先生之间并非分手，而是挣脱！"

❦

基督如今是在殿堂中断气的。手持皮鞭——他高高地端坐在银行出纳柜台上[1]。

❦

链霉素——1949年11月6日至12月5日，40克。

PAS[2]——1949年11月6日至12月5日，360克。

＋20克链霉素，11月13日至1月2日。

❦

小说。"由于她不断地质疑他的爱，特别是她在质疑中所表现出来的那种焦虑不安，竟让他也开始疑惑起来了。然而随着

---

1　见《反抗者》关于诗人兰波的讨论。——译注

2　氨基水杨酸（para aminosalicylic acid）。此处加缪很难得地记下了他的用药剂量，这两种抗生素也是当是开始出现在法国市场上用来治疗肺结核的新药。——译注

疑惑日深，他那爱的意志亦更为坚定。就这样，她愈是想虏获他的心，他的爱就愈不具体。"

❧

为了师出有名，所有的谋杀都必须用爱来补偿。对恐怖分子而言，死刑台是最有力的爱的证明。

❧

1843 年，美国人解放了英国人用武力征服的夏威夷。当时梅尔维尔也在。夏威夷国王让他的臣民"一连十天，可以不用遵守任何法律、宗教和道德上的约束，以资庆祝；在这期间内，他郑重地宣布，国内一切法律皆暂时失效。"

❧

谬论令人心喜，真相有如炼狱。

❧

梅尔维尔提到的，这种神圣的不确定状态，让人们和各国总是处于悬疑的气氛中。

❧

梅尔维尔写在雪莱散文集书页上的笔记："弥尔顿的撒旦，在斗志上较其上帝还更胜一筹。这就好比有人，面对逆境和磨难却坚忍不拔的话，要强过那稳立于不败之地而对仇敌采取最恐怖报复之人。"

❧

苦涩的是那死亡之水……

❧

梅尔维尔 35 岁时：我已接受了灭绝。

❧

霍桑论梅尔维尔。"他不信而且也无法满足于没有信仰。"

❧

L. G. ——够好，但就像司汤达讲的，概念上还可以稍做改进。

❧

他和妻子分居的那天，有股想吃巧克力的强烈欲望，而且未曾加以克制。

☙☞

　　这是德·柏冈戴（de Bocquandé）先生祖父的故事。他上中学时，被人指控做了一件粗鲁无礼之事。他否认。被禁足了三天。还是否认。"我没犯的错我不能认。"学校通知他父亲。他给儿子三天的时间认错。不然就让他上船当见习水手（他们家很有钱）。又关三天。他出来了。"我没犯的错我不能认。"他父亲二话不说，让他上船当了见习水手。这孩子渐渐长大，在船上过了一生，当上了船长。他父亲过世。他也老了。在他临终的床上："那个不是我做的。"

☙☞

　　巴黎起义期间，流弹呼啸而过。啊！啊！加斯东·加利玛[1]大叫。罗伯·伽利玛吓得连忙朝他奔去。但加斯东打喷嚏而已。

☙☞

　　她给了他虚荣的快感。这就是为什么他对她很忠实。

☙☞

---

1　加斯东·伽利玛（Gaston Gallimard, 1881—1975）：法国伽利玛出版社的创办人，对20世纪的法国文学有重要影响力。罗伯·加利玛（Robert Gallimard）是他的侄子，加缪的朋友。——译注

F："我是一个扭曲的人。我只能从我受苦的能力看出自己能爱到什么程度。在遭遇痛苦之前，我不晓得。"

෨ல

《反与正》前言。

我内心对艺术存在着某些抗拒，正如有人对道德或宗教亦无法全盘接受一样。我儿时无拘无束之际所感到无法理解的禁令，那种"不可以这么"的想法，在我看来就像某种严格艺术传统的奴隶（而且是心悦诚服的奴隶）。（我一直要到《戒严》才有办法克服这些禁忌，这也说明了我对这部一般不予以重视的作品为何情有独钟。）

……也许这种不信赖感也针对着我内心深处的无政府状态，因此还是有用的。我知道自己的放荡不羁和某些本能之暴戾，以及我可以让自己坠入的丑恶深渊。一件艺术作品要能够成立（我指的是未来），必须利用人的这些无法估计的能量。但并非就不为它们设限。我今天碰到限制还是太大。但它们必须拦阻的东西也来势汹汹。一旦两者可以达到平衡，这一天，我会试着写出我梦想中的作品。它一定会很像《反与正》，换言之，里头会以某种形式的爱作为主轴。

我认为我可以做到。以我的阅历，我对写作的体认，我的暴烈和我的顺从……一如此处，我仍会将重点摆在一个母亲那可敬的沉默，以及一个人对某种与这沉默相似之爱的追寻过程，他终于找到了，又失去，然后在历经战争、正义的狂热以及痛苦之后，回归孤独和平静的生活，而死是幸福的沉寂。我还会在里面安排……

✎

马里坦[1]。叛逆的无神论（绝对的无神论）将历史摆在神的位子上，并以绝对的顺从取代反抗。"责任和美德对它而言，不过是它对事物演变中那神圣的摧毁力量一种彻底的服从和牺牲。"

"追求圣洁也是一种反抗的方式：亦即拒绝事物的原状。亦即将这个世界的不幸挑在自己身上。"

✎

《正义者》的宣传标语：恐怖和正义。

✎

小说。"她的方式是用一种呢喃而急促的声音，像是有点赶

---

1　马里坦（Jacques Maritain, 1882—1973）：天主教者学家，著有《完全人文主义》（L'Jumanisme intégral）。——译注

着要把一则信条念完似地重复三次'我爱你'……"

❧

"虽然外表看不出来，但我最在乎的一直是爱（譬如它那些可以维持很久的欢愉……总之就是它那些最令人断肠的心荡神驰）。我有着热情浪漫的灵魂，而我一直很难让它对别的事情产生兴趣。"

❧

待春天这一切结束时将我的感觉全都写下。随意的小东西。

❧

小说。"他有办法，胜券在握地，在大部分女人面前做戏。但碰到她就没辙。她那种天赋的直觉就是能让她通晓他心底的想法，让他无所遁形。"

❧

对《正义者》的批评："完全不知爱为何物。"如果我很不幸地不知道什么是爱但愿意不耻下问，我绝对不会跑来巴黎或在报纸上求教。

❧

一个霜天的尽头，阴暗冰冷的黄昏……已超过我的忍受极限。

◆◆

政论集的前言。"在拿破仑倒台后，下面这些篇帙的作者，原本认为将青春投注在政治仇恨上是种骗局的，开始到处去旅行。"司汤达：《罗西尼的一生》（*Viede Rossini*）

◆◆

同上。司汤达《爱情论》："人没有自由不去做那种较诸其余所有可能的行动更能令他感到快乐之事。"

同上。"绝色美女，隔天也会让人觉得没那么惊艳了。这真是件很不幸之事……等等。"

波利卡斯特罗公爵"每六个月便要奔波一百里到雷卡（Lecca）和一个心爱但被醋劲强烈的丈夫看得紧紧的情妇见上一刻钟。"见：《唐娜·黛安娜》（*Donna Diana*）的故事。结局（页108，加尼叶）。

◆◆

等一切结束后，写一本大杂烩。想到什么写什么。

◆◆

反抗：无神的反抗到最后，就是博爱。博爱到了底就是审判。《博爱者》章。

❦

从前他是个无懈可击的丈夫时不信神，后来通了奸，也信了教。

❦

宁愿穷而自由，也不要富裕而为奴。当然人们都想富裕和自由兼得，此即何以他们有可能会变得又穷又受奴役。

❦

德拉克洛瓦[1]。"我内心最真实的部分，是我用我的绘画所创造出来的那些幻象。其他的都是一片流沙。"

❦

马加多尔[2]。

---

1　德拉克洛瓦（Eugène Delacroix, 1798—1863）：法国著名画家，浪漫画派的领导人物。
　　——译注

2　马加多尔（Magador）巴黎一家剧院的名字，手稿上的这个字写得很大，下面画着非常明显的底线。——译注

❧

德拉克洛瓦。"天才之所以为天才，不是因为他们有新想法，而是他们被这个想法附了身：认为那些既成的说法，说得都还不够。"

同上。"这个国度（摩洛哥）的形貌将永远留在我的眼中。这个强壮民族的男性，只要我尚未死去，将永远在我的记忆里活跃着。我在他们身上找到了真正的古代美。"

同上。"……他们在千百种方面更为接近自然：他们的服饰，他们的鞋子形状。于是他们做出来的东西，无一不美。我们这些人穿的束胸、窄鞋、滑稽的紧身外套，让我们看起来很可悯。优雅在向我们的科学报复。"

页 212—213（Plon 出版），第一卷，关于天才的精彩描述。

他将歌德放在（很合理地为自己的判断提出说明）"心胸狭隘，矫揉造作"的那一群里面。

"这人总是看着自己做……"

❧

1950 年 1 月 10 日

总之，我一直看不太清楚自己的内心一直不是看得很清楚。

但我本能地总是会去追随一颗看不见的星星……

　　我内心有种无政府、可怖的失序状态。我为创作付出的代价是粉身碎骨，因为这是一道命令，而我的整个存在皆不愿服从。但不创作的话，我将散漫而死。

❧

　　午后，日照和光线潮水似地涌进我的房间，罩着一层纱的蓝天，村中传来的儿童嬉闹，花园里喷泉的歌声……这就是我记得的阿尔及尔时光。二十年了……

❧

　　L 提到妈妈："这是面包，而且是这种面包！"

❧

　　贝斯帕洛夫[1]。"一次又一次的反抗，一次又一次的革命，我们以为自己更加自由了，但其实是造就了帝国。"

❧

---

1　贝斯帕洛夫（Rachel Bespaloff, 1895—1949）：原籍保加利亚的法国文学批评家，以犀利和创见著称，后被迫流亡美国，在美国自杀身亡。——译注

反抗。帕特洛克罗斯死后，和整个宇宙对抗的阿喀琉斯[1]。

～～

专章：我们这些尼采的信徒。

～～

亨利·米勒[2]："我对这世界那壮丽的崩坏感到迷惑。"然而却有一种心灵是这崩坏所无法迷惑的。说卑劣比壮丽更贴切。

～～

要能够驾驭作品，又不忘大胆求新。创造。

～～

库夫勒[3]。到了之后，很客气地请人把收音机调到 BBC 频道上，收听那在他看来一直很有价值的新闻播报。坐下，然后

---

1　帕特洛克罗斯和阿喀琉斯都是希腊神话中的英雄，两人为挚友，帕特洛克罗斯在特洛伊战争中战死后，阿喀琉斯痛不欲生，为友复仇而倒行逆施的举动引起众神不满。——译注

2　亨利·米勒（Henry Miller, 1891—1980）：20 世纪美国重要作家，作品充满争议性。——译注

3　库夫勒（Emmanuel Couvreux）：加斯东·伽利玛的朋友。大战期间加缪是他位于讷伊（Neuilly）宅邸的常客，知名作家马尔罗的妻小当时也在库夫勒家长住。——译注

睡着。

❦

人家。"您实在不用这么费事。"
"太打扰您了。"
"这是从里而外的。"

❦

题旨。外省的酒店。人跟人之间的吸引力。

❦

海。气候是不公平的。圣艾蒂安的树开花了。竟还更丑。原来，我应该渴望的是一张全黑的脸。北方的民族就是这样……

❦

1950 年 2 月

有纪律地写到 4 月。然后用热情去写。先不发言，倾听。然后任由东西冒出来。

❦

知识分子的概念（及事实）肇始于 18 世纪。

๛

以后要将我所知的何谓率真（做着我们不想做的事，期待那些我们不会去做的），没有任何顾虑和保留地，写成文章。

๛

初始之夜。

๛

我读拉谢尔[1]的一生。这故事还是令我失望。譬如她在私底下说的那些话，到头来还是跟其他那一大堆失散的、我们永远无从得知的话没两样。和这堆话比起来，这个故事告诉我们的，不过像在大海里滴进一滴水。

๛

德拉克洛瓦在日记中，曾提及（转述）那些忍不住搞起创作的评论家。"一个人怎么可能同时举着鞭子又自露臀部。"

---

1　拉谢尔小姐（Mademoiselle Rachel, 1820—1858）：法国著名的古典戏剧女演员。——译注

❧

德拉克洛瓦——关于伦敦市内各处的间距。

"需要用古里[1]去计算：光从这些人居处之宽阔与人类天生体型限制两者间的不成比例，我就可以断定他们和真正的文明不是同路人，那种古希腊雅典城邦居民所共有的文明，让他们不会把帕特农神庙盖得比一间我们住的屋子大，却能将这么多的智慧、生命、力量和宏伟，都蕴藏在那会令我们这些坐拥辽阔疆域但心胸狭隘如许的野蛮人笑出来的狭窄空间里。"

❧

德拉克洛瓦。"在音乐中，应该跟在所有其他的艺术领域里一样，一旦风格、个性，总而言之就是严肃的那一面显现出来后，其余的一切就会消失。"

同上。关于那些遭革命破坏的文物古迹和艺术作品——详细列举出来的话是很吓人的，德拉克洛瓦说。

反对进步。第一卷，页428："我们的这点价值要归功于古代文化。"

❧

---

1　一古里约合今四公里。——译注

德拉克洛瓦。

伟大的艺术家应该学着避开那些不该被尝试的。"只有傻瓜和无能者会拿不可能的事情来折磨自己。纵使大胆创新是必要的。"

同上。"人必须要有很大的勇气，才敢去做自己。"

同上。"工作不只是为了生产作品，而是为了赋予时间价值。"

同上。"一个勤奋工作并能够善用一整天时间的人，其满足感必无可比拟。当我处在这种情况下时，我会很乐意地去享受那些最不足挂齿的放松。我甚至可以毫无遗憾地去和那些最无趣的人为伍。"

同上。"……不必如此执意地去追求那些不过是空穴来风的事物，但享受工作本身，以及收工后的美妙时刻……"

同上。"可以不必再用从前人说的那种方式（热情）来强迫自己快乐，让我感到多么快乐啊！"

意大利的各大画派"将质朴与最丰富的技巧结合了起来。"

同上，讲到米勒[1]。"他果然是 1848 年起来革命或在一旁鼓掌的那群大胡子艺术家其中之一，显然相信才华跟财富一样，可以要求平等。"

---

1　米勒（Jean-François Millet, 1814—1875）：法国画家，画风走自然写实主义，最有名的作品是《拾穗者》《晚祷》。——译注

同上。反对进步，页 200 全部"……多么高贵的一幅景象，在最美好的时代里，人这种牲畜被哲学家们养得个个肥滋滋。"

同上。俄国小说"有一种令人惊讶的现实气味"。

页 341。"……不完美的大自然……"

原创性的才华"刚开始的羞涩和生硬，到最后是豁达和不拘小节"。

～～

那庄稼汉，听了一篇令在场者莫不感动泪流的祈祷文，竟能无动于衷。有人怪他冷漠，他则对他们解释说因为他不是这个教区的。

～～

1950 年 2 月

记忆愈来愈衰退了。应该下定决心来写日记。德拉克洛瓦说得没错：这些未曾记下来的日子就像没发生过一样。也许 4 月，等我有空。

～～

体积：技巧问题——从这里可以看出我的美学轮廓。

❧

文艺界。大家都会想象一些黑色情节，一些野心勃勃的复杂考虑。其实里面只有虚荣，而且是很容易被满足的那种。

❧

有一点傲慢可以帮助我们和人保持距离。这点无论如何都不要忘记。

❧

最后变成感激的快感：岁月的花冠。但另一端：有苦味的快感。

❧

密斯托拉风将天空刮出一层新皮，海一般的艳蓝。群鸟的歌唱，以一种力量，一种狂喜，一种欢愉的争先恐后，一种无止境的陶醉，从四面八方突然涌现。白昼在淌流，在闪闪发光。

❧

不，不要说教，要去成就。而成就者别无其他，唯爱而已，换言之即扬弃自我与远离这个世间。要坚持到底。消失。让自己溶解在爱里。到时候将是爱的力量在创作，而不再是我。让自己深陷、肢解、灭绝在对真理的热情与成就里。

❧

题词："什么都不足以对抗卑微、无知、固执的生命。"（《交换》）。[1]

❧

同上。"有一种爱你的方式然而我不是用这种方式在爱你。"

❧

《阿道尔夫》。重读。仍旧感受到那灼热的冷酷无情。
"我们兴味勃勃地把她（E）当成一场漂亮的暴风雨来检视。"
"这颗心（A）对一切世俗的利益皆无动于衷。"[2]

❧

"我一见到她脸上痛苦的表情，她的意志就成了我的意志：

---

1　出自克洛岱尔（Paul Claudel）的剧本《交换》（*L'Échange*）第三幕。——译注
2　E 与 A 在此分指《阿道尔夫》的女主角爱莲诺（Ellénore）和男主角阿道尔夫（Adolphe）。——译注

只有她对我感到满意了，我才能得到解脱。"

❧

"……他们是这世上唯一认识彼此，唯一能够给予彼此正义、理解和安慰的两个不幸者，却像两个无法和解的敌人，非置彼此于死地不可。"

❧

瓦格纳，奴隶的音乐。

❧

小说。"他很想要她痛苦，但离他远远地。他是个懦夫。"

❧

康斯坦。"应该去探讨人们的苦难，但亦须将他们自认为可以克服苦难的那些方法算进去。"

❧

同上。"可怕的危险：美国商业政策和知识分子们那靠不住的文明做出了结合。"

〜〜

日光随笔[1]标题：夏天。南方。节庆。

〜〜

1950 年 2 月

自制：不要说话。

笔记：经验是一种记忆，反之亦然。

现在回到细节上。爱真理更甚于一切。

〜〜

尼采：这种捏造出来的谦卑让我感到羞耻。

〜〜

迷迭香开花了。在橄榄树脚下，一个个紫花冠。

〜〜

1950 年 3 月

具有博爱精神的新教人士否认一切非理性的事物，因为他

---

1　手稿上原写着：地中海随笔，此处为作者在第一份打字稿上所做的修改。——原编注

们认为理性可以让他们主宰一切，甚至包括大自然。一切，但美除外。美不受理性规范。这就是为什么一个艺术家，即使他以艺术家的身份起来反抗，也很难成为革命志士。这就是为什么他不可能成为一个杀人者。

❧

等着，等着眼前这串彩色灯泡般的日子一盏一盏地灭去。待最后一盏也熄灭时，那就是完全的黑暗了。

❧

3月1日

过了绝对自制的一个月——就各方面而言。接着是全新的再出发——（但并未抛却基于过去经验的真相和现实，于是愿意接受一切的后果，但决意去克服它们，并以创造者那种终极〔但经过深思熟虑〕之姿去改变它们的样貌。来者不拒。）

❧

（可以说：这不容易。我第一次没有成功，我打了一场令我筋疲力尽的仗。不过最后我还是赢了。而这难熬的疲惫让我对成功看得更清楚、更谦卑，而且更坚决。）

⤙⤚

反抗。等全部写完之后，根据那些如此而串联起来的资料和概念把整本书再想一遍。

⤙⤚

在艺术中，绝对的写实主义将是绝对的神。

这就是为什么要把人神化的话，都会去力求写实主义的完美。

⤙⤚

海：我并未在其中迷失，我在其中找到了自我。

⤙⤚

维威[1]那个戒了烟的朋友，知道氢弹刚被发明出来之后，又开始抽起烟来了。

⤙⤚

家。

阿尔及利亚是一群板车夫建立起来的。

---

1　维威（Jean-Pierre Vivet），《战斗报》的记者。——译注

米歇尔。80 岁。硬朗。

他的女儿 X，18 岁离开父母出去"讨生活"。21 岁时回来，赚了很多钱，把自己的珠宝都卖了，让父亲把整个马厩翻新，后来得传染病死了。

〜〜

葛吉夫[1]的"智巧人"。专注。想起自我（在另外一人的眼中看到自己）。

〜〜

雅各布·甘斯（Jacob Genns），维勒那（Vilna）犹太区的区长，接受了此一警察的职务，负责维安。渐渐地，区内有四分之三的居民（四万八千人）都被灭绝了。

他自己最后也遭到枪决。没有理由地被枪决——没有理由地失去名誉。

〜〜

标题：邪恶精灵。

---

1　葛吉夫（G. I. Gurdjieff, 1877—1949）：俄罗斯神秘学的著名人物，以隐晦的言论和著作在西方社会引起广大回响。——译注

〜〜

她一定要死。到时那将是一种残忍幸福的滥觞。令人痛苦的是这个："他们"不在该死的时候死。

〜〜

中国人认为，即将要崩溃的帝国里会有非常众多的法律。[1]

〜〜

光芒四射。我觉得自己仿佛刚从一场十年的沉睡中醒来——即使仍受到那些不幸和假道德的细带之缠绊——但再度可以赤身裸体，迎向阳光。耀眼但有节制的力量——以及那朴素、犀利的智慧。我像我的身体那样也重生了。

〜〜

喜剧。一个男人，由于本能地力行了某种美德而获得官方奖赏之后，便开始有意识地这么做：惨不忍睹。

〜〜

---

1 语出《资治通鉴》汉纪四十九。汉灵帝熹平四年，叔向有言："国将亡，必多制"。
　　——译注

尼采眼中的 17 世纪风格：干净、精确和自由。

现代艺术：暴政的艺术。

∽∾

到了某种年纪之后，人与人之间的悲剧宛如在跟时间赛跑似地愈来愈加剧。那就是无解了。

∽∾

爱情仿佛是第一道阳光，让她内心的积雪开始慢慢融化，终至泛滥成为一股汹涌而不可挡的喜悦之水。

∽∾

1950 年 3 月 4 日

于是我公开地将我的心奉献给那沉重而受苦的大地，于是时常，在神圣的黑夜里，我承诺爱它至死不渝，无惧于它那命定的重负，并对它的任何一个谜题皆不敢轻忽。我俩就这样被一条致命的绳索捆住。

（荷尔德林，《恩培多克勒》[1]）

---

1　荷尔德林（Hölderlin，1770—1843）：德国浪漫派诗人。这里抄录的是他《恩培多克勒》中的诗句。恩培多克勒是公元前 5 世纪的希腊哲学家，相传他为了证明自己的不朽，跳火山而死。这一段后来也被加缪用来作为《反抗者》的题铭。——译注

❧

我们对自己所知之事的勇气只会来得太晚。

❧

艺术家和没有阳光的思想。

❧

"对温柔的误解，"尼采说："奴隶的温柔是卑躬屈膝和堕落，是理想化和自我欺骗——但神的温柔是不屑，是爱，是去改造、提升他的所爱。"

❧

令我感到最自在的世界：希腊神话。

❧

有心还不够。心是一定要有的，因为没有它的话……但它应该受到控制和改造。

❧

我的整部作品都在反讽。

～

我最常碰到的诱惑，为了抵抗它我从未停止力战到底：犬儒主义。

～

自己可以崇拜多神，别人却只能信基督教，这是每个人的本能欲望。

～

并非存在的困难，而是不可能。

～

爱不公平，但公平是不够的。

～

人的内心总是有某部分在拒绝爱。就是这部分在想死。是它在要求被原谅。

～

《柴堆》的标题：狄亚奈拉（Déjanire）。

337

❧

狄亚奈拉。"我本想及时将她拦下，那已是很久以前，某日在杜伊勒里[1]公园中，她朝我迎面而来，身上穿着黑裙和白罩衫，卷起来露出金黄色胳膊，一头散发，严正的底座和一张船头雕像似的脸。"

❧

"长久以来我一直想要求她做的那件事，我终于在这极端的晚上开口了：发誓永远不会委身于任何其他的男人。如果人类的爱办不到那种宗教才能导致或促成的事，这样日子我过不下去。她于是对我做出了这样的应允，但并未要求我的承诺。但因为太喜悦而且对自己的爱太自豪，我也高高兴兴地对她做出了承诺。从某种立场来看，这无异于先杀了她，再杀死我自己。"

❧

缺乏爱的地方，如何能够不缺乏自由？所以说，真的，我们更不能对那些会同时伤害到爱和自由的做出让步。

❧

---

1　杜伊勒里（Tuileries）为一座位于巴黎市中心的公园，是昔日的御花园。——译注

338

伏尔泰几乎怀疑一切。他建立起来的东西很少，却能屹立不摇。

❧

小说。男性角色：皮埃尔（Pierre G.）、莫里斯·阿德雷、拉札赫维奇（Nicolas Lazarevitch）、罗贝尔·沙泰、M. D. b.、让·格勒尼埃、帕斯卡尔·皮亚、拉瓦内尔、埃朗、厄特利（Oettly）。

女性：勒妮·奥迪贝尔、西蒙娜（Simone C.）、苏珊（Suzanne O.）、克里斯蒂亚娜·加林多、巴兰、吕塞特、玛塞勒·鲁雄、西蒙娜（Simone M. B.）、伊冯娜、卡门、玛塞勒、夏洛特、萝尔（Laure）、马德莱娜·布朗舒、雅尼娜、雅克利娜、维多莉亚、维奥朗特、弗朗索瓦丝1与2、佛克琳（Vauquelin）、莱博维茨。

米歇尔（Michèle）、安德烈·克莱芒、洛雷特、帕特里夏·布莱克、泰蕾兹（M. Thérèse）、吉塞勒·拉扎尔、勒妮·托马塞、埃弗利娜、马美娜（Mamaine）、奥迪勒、汪姐（Wanda）、亚勒冈（Nicole Algan）、奥黛特·坎帕纳、伊薇特·珀蒂让、苏珊·阿涅利、维菲特（Vivette）、娜塔莉、维尔日妮、凯瑟琳、梅特（Mette）、安妮。[1]

---

1　这份名单上的人名，大部分是与加缪有来往的记者，剧场人士或伽利玛出版社的员工。——译注

⌘

"大海和天空将一群年少力壮的玫瑰吸引到大理石阳台上。"兰波。

⌘

那些讳莫如深的写作者有福了：他们将拥有评论者。其他的作家只能有一群似乎是很令人瞧不起的读者。

⌘

纪德来到了苏联，因为他惦念着喜悦。

⌘

纪德：唯有无神论能为今日世界带来和平（！）。

⌘

列宁和一个俄国集中营囚徒之间的对话。

⌘

巴黎会先对某个作品加以支持，推崇备至。一旦作品建立起声望，他们的乐趣也就开始了。那就是毁掉它。所以说巴黎一如某些巴西的河流，里头住着成千上万以毁灭为职志的小鱼[1]。他们非常渺小，却不计其数。他们的头部，我要冒昧地说，就是那口牙齿。他们不用五分钟，就能为您将一个人啃到精光，除白骨外什么都不剩。然后他们会撤走，休息一下，再重新开始。

〜〜

波舒哀[2]说："唯一在大部分人身上都会表现出来的特性，是他们会在这个特性遭到否决时起来反抗。"但他甚至连这样的特性也没了。

〜〜

就像这些住在一座曾经充满活力和叫喊的大房子里的老人，他们会隐居在其中一层，然后其中一间，最后一切的生活作息都在那最窄的房里解决——被禁闭起来，并对那狭小而且更加局促的栖身之处已准备就绪。

〜〜

---

1　同样的意象也曾出现在《堕落》一书中。——原编注
2　波舒哀（Jacques-Bénigne Bossuet, 1627—1704）：法国教会人士，著名的布道家和作家。——译注

## 1950 年 4 月——重返卡布里[1]

总之，我们办到了。不容易，但我们毕竟办到了。啊！这些人都不是很好看，但没有人会怪他们。至于那两或三个我中意的，他们又比我强。这教人如何接受？算了，跳过去吧。

≈

夜里有雾，很热。远处海岸线上的亮光。山谷里有一场蟾蜍们的巨型演唱会，一开始还蛮优美的声音逐渐沙哑了。这些光亮的村庄，这些房屋……"您是诗人而我我和死亡站在一起。"

≈

A 自杀了。很震惊，一方面当然是因为我很喜欢他，同时也是因为我突然明白自己想向他看齐。

≈

她们至少不像我们这样有追求伟大的必要性。对男人而言，即使是信仰，即使是卑微，都可以拿来考验一个人的伟大程度。真累。

---

1 卡布里（Cabris）位于法国蔚蓝海岸的一个海拔 500 米的小山村，加缪当时在距离卡布里不远的葛拉斯（Grasse）友人家疗病。——译注

〜〜

它总是在人们终于放弃斗争和互相伤害，而愿意去爱对方本来的样子时刻才会来临。这就是天上的王国。

〜〜

受够了罪恶感——和忏悔。

〜〜

克洛岱尔。这贪婪的老头冲到圣桌上去饱啖荣耀……可悲！

〜〜

短篇小说。美好的一天。一个成熟的太太独自抵达。戛纳。

〜〜

在大部头小说中。拉札赫维奇、阿德雷、沙泰（喜欢在那些偶尔出现的人物面前装模作样）。

〜〜

衰老就是从激情变成同情。

❧

那个在吃钙片的太太。餐桌上。"这只可怜的狗（一只火红色、很漂亮的西班牙猎犬），在印度支那立下那么多功劳之后，您以为人家会颁给它勋章吗？当然没有，看来我们国家是不授勋给狗的。别忘了，英国人会去表扬在战场上表现良好的狗。可是在我们这儿！那些中国人设下的埋伏就算全都被这只狗找出来了又如何，还不是什么都没有。可怜的畜生！"

❧

酒吧里的女孩。"写信，啊！不。我，我不喜欢伤脑筋的事情。"

❧

19 世纪是一个反抗的世纪。为什么？因为它是一次失败革命的产儿，那次革命中唯一被击毙的是神圣原理。

❧

1950 年 5 月 27 日

离群索居。而这世上处处是爱的火焰。值得为此而付出出生和成长的痛苦代价。但之后该活下去吗？凡真正在活的都能找到正当理由。但若是苟活呢？

344

〰

《反抗者》之后，自由创作。

〰

只有黑夜！在一个我们不再存有的人生里。

〰

我这前两个系列里的作品：一些不说谎的人，所以不真实。他们并不存在世上。这大概就是为什么我一直到现在仍无法成为那种一般定义的小说家。还不如说我是个会按照自己的热情和焦虑去创造神话的艺术家。这也是为什么将我带进这个世界里的，总是那些拥有这些神话的力量和专属权的人物。

〰

爱里头的疯狂成分，会让人渴望等待的日子赶快一去不回。就这样我们开始渴望着更接近末日。就这样，凭着这一点，爱和死亡有了重叠。

〰

集中营。一个不识字的守卫一直找一个知识分子的麻烦。

"接着，这是给你那些书的！怎么，咱们不是很聪明吗……"等等。后来知识分子竟然跟他说对不起。

～～

人的知识会让他面目严苛（我们都碰过这样的脸，一副很懂的样子）。但在那些疤痕底下，偶尔还是会浮现一张青少年那种对生命充满感激的脸庞。

～～

我在他们身边感受到的不是穷困、贫乏或屈辱。应该换个说法：他们一直让我感受到的是我的高贵血统。在我母亲面前，我可以感觉到自己来自一个高贵的种族：一个什么都不想要的种族。

～～

我向来毫无节制地赖以生存的是美：永恒的食粮。

～～

大部分人认为战争让他们不再感到寂寞。我却觉得它令我永远地孤独了。

๑๑

犹如匕首疾如电掣地刺出，公牛只交配不性交。这是神的交配。没有任何快感，只有痛楚和神圣的灭绝。

๑๑

佛日山脉[1]。那些教堂和耶稣受难像，因为红色砂岩的关系而有一种血迹干掉的颜色。所有为了征服和权力而流下的鲜血，淌过这片土地，最后在它的圣殿里干涸。

๑๑

无用的道德：生命是合乎道德的。那些不付出一切所有的人就无法得到全部。

๑๑

人若有幸活在一个明智的世界里，又是什么样的疯狂让他渴望进入到激情的呐喊和恐怖屋中。

๑๑

---

[1]　加缪前往该山区继续他的疗程。——原编注

我不是全爱就是全都不爱。可见我其实全都不爱。

～

狄亚奈拉的结局。他小心翼翼，一点一滴地杀死她（她一点一滴地从他面前消逝，而眼见着她形销骨毁，他心中期待的事情很可怕，他那因爱而生的啜泣也很折磨人）。她死了。他去和另外那位会合，又一个青春佳人。美妙的爱情再度从他心中升起。"我爱你"，他对她说。

～

圣依纳爵的《神操》[1]——为了防止在祷告的时候打瞌睡。

～

今日科学把力量都用来巩固国家。没有一个学者的研究以捍卫个人为目标。然而一个共济会的意义就在这里。

～

如果说这个时代里只有悲剧也就罢了！它还丑恶无比。这

---

1　圣依纳爵（Saint Ignace, 1491—1556）：天主教耶稣会的创始人。《神操》为圣依纳爵所著，融合了军队组织、神秘主义和修道主义的耶稣会士操练手册。——译注

就是为什么我们要出来控诉它——并原谅它。

❧

I.西西弗斯神话（荒谬）。——II.普罗米修斯神话（反抗）。——III.涅墨西斯神话。

❧

德·迈斯特（J. de Maistre）——"我对无赖的灵魂一无所知，但我认为自己对正人君子的灵魂非常了解，而且一想到就不寒而栗。"

❧

打开监狱大门，不然就证明你们的品行高尚。

❧

迈斯特："那些碰上时代变迁的世代都要遭殃了。"这就好比有个中国智者，他若要咒人倒霉，会说希望对方"生在一个有趣的时代里。"[1]

❧

---

1　这句有可能是"生不逢时"的反讽说法。——译注

波德莱尔。这个世界已蒙上一层厚厚的俗气，致使对属灵人的藐视变得有如某种激情般地猛烈。[1]

❧

安特林登[2]："这辈子我一直都在梦想着修道院的祥宁。"（而且我大概没办法在里头待超过一个月。）

❧

小生意人般的欧洲——令人绝望。

❧

入世。我对艺术怀有最崇高、最热情洋溢的理想。因为太崇高所以无法接受让任何东西凌驾于它之上。因为太热情所以不愿意做出任何的割舍。

❧

"爱对他来说绝无可能。他只有权说谎和通奸。"

❧

---

1 "强烈"（violence）在手稿上或可判读为"高贵"（noblesse）。——原编注
2 安特林登（Unterlinden）为一座位于法国阿尔萨斯地区科尔马（Colmar）的修道院，现为博物馆。——译注

克洛岱尔。粗俗精神。

❧

萨伏依。1950 年 9 月

那些和 M 一样为了找到一个祖国而永远在移居的人，他们最后还是会找到，只不过是在痛苦中。

❧

痛苦，以及他那张时而卑鄙的脸。但必须撑下去，承受这一切就是必须付出的代价。要先毁了自己才能下得了手去毁灭别人。

❧

小说。"他记得有一天，当那些令人触目惊心的场景正在上演，他开始有种愈来愈强烈的预感，觉得以后的日子会很恐怖时，她竟对他说已下定决心跟定他一人，即使他消失了，她也不会再去找别人云云。然而就在她自认对他做出最崇高、最无可救药的爱情告白并且也真的说了出口，就在她意欲将两人紧紧结合在一起之际，他反而觉得自己解脱了，觉得该趁这个他对她的绝对忠诚和无后有十足把握的时刻抛下她，扬长而去。但那天他还是留了下来——跟其他人一样。"

❧

巴黎。1950 年 9 月

我想说的比我是什么人来得更重要。抹掉自己——再抹去别的。

❧

进步：不愿让自己所爱的人知道我们为他受了多少苦。

❧

对痛苦的恐惧。

❧

福克纳。有人问他对年轻一代作家的看法，答曰：他们不会留下任何有价值的东西。他们再也没什么好说的。写作的人，内心必须深植着最重要的基本真理，而他写作即是为了探讨这些真理的其一或全部。那些作品里没有骄傲、荣耀或痛苦的作家不会造成任何影响，他们的作品将随着他们一起逝去，或甚至消失得更快。但歌德和莎士比亚却能禁得起考验，因为他们相信人性。巴尔扎克和福楼拜也一样。他们永远不会过时。

"为什么文学会受到虚无主义的入侵？"

"因为恐惧。等到有一天不再恐惧了，他们才能重新写出大师之作，亦即永续性的作品。"

❧

索雷尔："众门徒促请上师提出最后的解决之道以终止这怀疑的时代。"

❧

所有的道德毫无疑问地都需要受到一点挑衅。极限在哪里？

❧

帕斯卡尔："我这辈子有很长一段时间相信某种正义的存在；这点我并没有搞错；就上帝曾想对我们揭示正义为何来看，某种正义的确存在。但我当时并不是这么想的，这才是我搞错的地方；我以为人的正义基本上是无误的，以为自己有十足的把握得以认识它并对它做出判断。"

❧

N[1]（希腊人）。"高贵人种的大胆，疯狂、荒谬、本能性的大

---

1 指尼采。——译注

胆⋯⋯他们那种对一切身体安全，对舒适生活的漠然和鄙视。"

❧

小说。"不能实现的爱让人堕落。愈是受挫的爱，最后造成的伤害就愈严重。爱如果不能有所创建，便也绝对无法容许任何真正的创造。它是个暴君，平庸的暴君。所以 P 觉得非常痛苦，因为他让自己陷入一种爱上了却又无法完全付出的状态。这对时间和精神来说都是一种疯狂的浪费，不过他在其中也体认到某种公平性，而且竟是他在这世间唯一真正见过的正义。然而，认同这样的正义等于接受了某种义务：那就是必须让这份爱，以及他们自己，得到提升，变得不平凡，必须去承受最可怕却也是最诚挚的痛苦，尽管这样的痛苦一向令怯懦的他胆战心惊，裹足不前。他能做的有限，而且他也无法变成另外一个人，也许他唯一的指望是一种肯接受他这人就是这样的爱。但爱是不可能接受既存事实的。他并非为了这个要向全世界呐喊。他呐喊是因为他不要善意、同情心和智慧，一切会导致妥协的东西。他呼唤的是不可能，是绝对，是着火的天空，是无止尽的春光，是死后重生，以及化为永生的死亡本身。怎么会有人愿意用爱来接纳他，就某种意义上来说他不过是个微不足道但有自知之明的人。只有他才能接受他自己——开始可以面对失去爱，并知道一切只能怪自己时那种残酷而永无止尽的痛苦。于是他终于自由了，果然是一种鲜血淋漓的自由啊。但这也是必须付出的代价，如此一来在他的能力范围之内，当他确认个人以及所有生命的不幸之后，甚或当他在追求那唯一可以证明他存在价值的伟大时，他至少还可以创造出些什么。

就算没被折磨到这种程度，但只要有任何一点软弱，爱即刻又会露出它那张稚气而愚蠢的脸，事实上一个只要是有点原则的人，最后都一定会起来反抗这个无用和令人坐立难安的束缚。没错，应该要这么说：'我爱你——但我什么都不是，或微不足道，所以你尽管爱着我，却也无法接纳我。在你的灵魂深处，你什么都想要，而我则是什么都没有，什么也不是。原谅我的灵性不如我的多情，而我的欲求又胜过我的运气，原谅我的能力不足却又爱得那么高远。原谅我，莫再羞辱我。等到有天你无法再爱我了，才能公平地对待我吧。到时你就会知道我活在什么样的地狱里，于是你开始用一种凌驾你我之上的爱来爱我，我虽也一样无法从这样的爱得到满足，但即使感到痛苦，我还是会认命地再一次接受它。'就是这样，没错，但最煎熬的也开始了。日日呼唤着离去的她，每一夜都是一道伤口。"

⤲⤳

20 世纪最强烈的嗜好：奴隶。

❀❀

　　在布鲁（Brou），奥地利的玛格丽特和萨伏依的菲利贝尔两人墓石卧像的眼睛并未往上看，而是此情永不渝地彼此凝视。

❀❀

　　那些不曾坚持人类和世界不容有丝毫瑕疵，并为了理想不可能实现而发出乡愁和无能之怒吼的人，那些不曾降低标准，因试着去爱一张只会把爱挂在嘴上，却对如何爱毫无创举的脸孔而毁了自我的人，这些人皆无法理解反抗的真谛，以及反抗者对毁灭的那种狂热。[1]

❀❀

　　法兰西行动[2]。历史贱民的心态：愤恨不平。政治贫民窟里的种族主义。

❀❀

　　我不想知道别人的秘密。但我对他们的告白很感兴趣。

1　见《反抗者》第四章中《小说与反抗》一节，书中文字与此段略有出入。——原编注
2　法兰西行动（Action française）为法国在 20 世纪前半叶开始发展的一个极右派政治运动，鼓吹民族主义和反犹思想。——译注

৵ও

剧本：一个没有个性的男人。他会根据别人对他的看法来改变自己的形象。在妻子面前是个没有用的懦夫，到了情妇那边却可以变得聪明又勇敢等等……两种形象碰在一起起冲突的这天终于来了。最后：

女仆：先生人真的很好。

他：拿去，玛莉，这是给你的。

৵ও

能够了解艺术的人很少。

৵ও

伦勃朗那个时代，战争场面都是手工业者在画的。

৵ও

巴黎。大马路上被雨和风扔了一地的秋叶。我们踩在一条潮湿的赭黄色毛皮往前走。

৵ও

出租车司机，黑人，有着在1950年的巴黎很难得一见的殷勤。车子行经周边停满众多车辆的法兰西剧院，他对我说："莫里哀之家今晚高朋满座。"

❦

两千年来，我们目睹了希腊价值持续不断地遭到恶意中伤。从这点来看，马克思主义可说传承了基督教的衣钵。不过希腊价值也抵抗了两千年，致使 20 世纪及其意识形态中的希腊和异教特质远胜过基督教和俄罗斯成分。

❦

知识分子制造理论，平民大众打造经济。知识分子最后都在利用平民大众，而理论则趁势利用经济。这就是为什么他们不愿意解除戒严和经济控制——这样让大众才能一直是劳动的大众。历史实体由经济构成乃毋庸置疑。概念仅以能够引领它而自满。

❦

从此我明白了关于自己和关于他人的真相。但我无法接受它。我在它底下扭曲着，被烧得火红。

❦

创造者。当灾难来临，他们应该先起来战斗。如果失败了，幸存者还可以再到那些能够让他们重整文化的地方去：智利、墨西哥等等。如果胜利了：最大的危险。

❧❧

18 世纪。主张人性可以改善已是有争议的话题。何况在经历过后做出人性本善的判断……

❧❧

是的，我有一个祖国：法文。

❧❧

小说。

（1）条纹人[1]占领魏玛，或类似的情节。

（2）集中营里有个自视甚高的知识分子被关进了吐口水间[2]。从那一刻起他的人生：活下去是为了要杀人。

❧❧

---

1　les rayés，指的应该是被送进集中营的囚犯。——原编注
2　小说《堕落》中有对"吐口水间"的详细描述。——原编注

　　小组解散。拉札维奇——"我们彼此相爱，这就是真相。没有办法为我们所爱的举起一根小指头。不，我们不是没有能力。但我们却连自己可以办到的一点小事都不愿意去做。去开个会都是太过，如果碰到下雨，还是我们刚跟老婆吵了架，等等，等等……"[1]

❧

　　艺术家如果露出一副相信道义也可以讲民主的样子，那他就是不诚实。因为如此一来他便否认了艺术经验中最深刻、也是最重要的一课：等级和阶序。但愿这样的不诚实只是一时冲动，不会让他失去什么。工厂和集中营里的奴隶就是这么来的。

❧

　　薇依说的没错，该捍卫的不是人的本身，而是人涵盖的各种可能性。她还说："我们无法得到真理，如果自身不曾遭遇过灭绝：不曾长期处在一种全面且极其受辱的情况下的话。"所谓不幸即此一被屈辱的处境（任何偶然都能让我这个人消失），而非吃了什么苦。还有"正义精神和真理精神实为一体

---

1　小组指"国际联络小组"（Le groupe des Liaisons Internationales），成立宗旨在帮助一切极权政治的受害者，也是当时加缪唯一积极参与的政治活动。拉札维奇（Nicolas Lazarévitch）则是当时法国一个很活跃的无政府工会主义者。——译注

两面。"

☙❧

革命精神拒绝原罪。这么做反而让它在里头陷得更深。希腊精神从未想过这件事，结果没事。

☙❧

集中营里的傻子。获释。受到残酷的嘲弄。

☙❧

在布痕瓦尔德，一个歌剧歌手遭乱棍毒打，还被迫一面唱出他那些伟大的咏叹调。

☙❧

同上。在布痕瓦尔德，一群耶和华见证人，拒绝参与为德军收集羊毛的行列。[1]

☙❧

---

1　在纳粹德国时期，耶和华见证人（les temoins de Jéhovah）是唯一拒绝服从希特勒政权的宗教团体，许多信徒因而被捕，进入集中营。——译注

在欣策特[1]，法国囚犯穿的衣服上都有两个大写字母：H N：Hunde-Nation：狗国家。

✎✎

此乃因为法国是个军事国家以至于让共产主义有机可乘。

✎✎

剧本。

——这就是诚实。它带来痛苦，却觉得是为对方好。

——但它懂得分辨。

✎✎

法律法则就是国家的法则。这是 1789 年大革命以暴力手段并且违反法律而再度引进这个世界罗马法则。我们应该回归主张自治的希腊法则。

✎✎

关于海的文章。浪涛，诸神的唾沫。海中巨怪，有待征服

---

1　欣策特（Hinzert）为位于德国西南部的一处集中营，距离卢森堡边境 30 公里。——译注

的海，等等。我对享乐那毫无节制的胃口。

❧

雅各布[1]："瞧，母亲的涵义就是人性。"

❧

莱布尼茨[2]。"几乎没有什么东西是我看不起的。"

❧

1951年1月23日——瓦朗斯[3]。我呐喊过，坚持过，狂喜过，绝望过。但37岁那年，有天我认识到了不幸，才知道在那之前自己一直忽略的是什么，尽管外表看不出来。我的人生已过了一半，还要很辛苦地重新学习如何一个人生活。

❧

小说。"我，很久了，一直活在肉体的世界里，活得很痛

---

1　雅各布（Alexandre Jacob, 1879—1954）：法国"美好年代"时很出名的非法分子，无政府主义者，窃盗手法高超，富幽默感和同情心，是小说家卢布朗创作"亚森·罗平"的灵感来源之一。——译注

2　莱布尼茨（Leibniz, 1646—1716）：德国哲学家、数学家，博学多闻，是历史上少见的全才，被誉为17世纪的亚里士多德。——译注

3　加缪此时又重返卡布里。整个2月他都待在那边专心写《反抗者》。——译注

苦。我很佩服那些像 S.W. 一样的人，他们似乎可以完全不受肉体的控制。对我来说，我无法想象有一种爱，没有占有欲，也没有羞辱人的痛苦，然而这些就是追逐肉体者命中注定之事。我甚至宁可要一个爱我并在身体上对我忠实的人，也不要那种心灵上的忠诚。不过我很清楚对女性而言，前者受制于后者，所以我也会对此有所要求，只因它决定了我是否能拥有那对我来说比什么都还重要的独占权，失去它将会令我坠入无边苦海，我个人唯有通过它才能得救。我的天堂就在别人的贞操里。"

❧

葛拉斯，剃头师傅的大本营。

❧

继续讲古希腊文明如何过渡到基督教，历史上唯一真正的转折点。试论命运。（涅墨西斯？）

❧

哲学随笔集。形式的哲学＋《伦理学》第一书评论＋评黑格尔（《历史哲学》）＋格勒尼埃随笔＋评《苏格拉底的申辩》。

❧

"自由是大海给我们的礼物。"蒲鲁东。

᠙᠙

我寻觅了这么久的东西终于出现了。死也甘愿了。

᠙᠙

2月5日。什么都没安排就死去。只是有谁都安排好了才死的，除非……？至少让那些我们爱过的人别再烦恼……对自己的话我们什么都不亏欠，即使是（尤其是）死得心安理得。

᠙᠙

1951年2月[1]。《反抗者》。我想要说真话又不失宽厚。这就是我的理由。

᠙᠙

工作，等等。（1）写海的散文。将散文集结成书：节庆（la Fête）[2]。（2）美国版剧本的前言。（3）美国版散文的前言。（4）翻译《雅典的泰门》。（5）远方的爱。（6）永恒之声。

---

1　手稿上写的是1950年，显然是笔误。——原编注
2　这个书名后来改成《夏》。——译注

❦

依纳爵。"杂乱无章的对话是一种罪孽。"

❦

《反抗者》之后。咄咄逼人、顽冥地拒绝体系。日后的警句。

❦

依纳爵。人类："这些集体走向地狱的人。"

❦

短篇小说。死亡的焦虑。然后他就自杀了。

❦

巴黎作家中的某类小型品种，经营着他们自以为是的肆无忌惮。一群奴才，猴儿似地模仿着主子们，然后躲在膳房里嘲笑他们。

❦

过去我偶尔会期待着粗暴的死亡——譬如一种当灵魂被夺

去时可以让我们尽情大吼大叫的死亡。但有时我也梦想着一种漫长但意识能够保持清醒的终结方式，这样至少就不能说这完全在我的意料之外——是趁我人不在，总之，就是为了心中有数……但在地底，我们全都无法呼吸。

∽

1951 年 3 月 1 日

当一个思想家不急着下结论，即使觉得是显而易见的结论时，他便又往前跨出了一步。

∽

令人叹为观止的美德会导致对自我情绪的否定。深刻之德则是能引领人去平衡它们。

∽

我那强而有力的善忘构造。

∽

如果我该默默无闻地死去，在一座寒冷的监狱底，海，在最后一刻，会来填满我的囚室，将我高举在我自己之上，并助我莫要含恨而死。[1]

ৡৄ

1951 年 3 月 7 日

　　《反抗者》初稿完成。前面两个系列也随着这本书，在我37 岁时完成了。那么现在可以自由创作了吗？

ৡৄ

　　一切的实践都是一种奴役。它让我们不得不再去追求更高的实践。

---

1　见《近观的海》。——原编注

# 加缪作品表

伽利玛出版社

《反与正》（*L'ENVERS ET L'ENDROIT*），散文

《婚礼集》（*NOCES*），散文，1993 年新版 NRF essais 系列

《婚礼集》、《夏》（*L'ETE*）合订本（Folio 口袋书系 16 号）

《局外人》（*L'ETRANGER*），小说（Folio plus 口袋书系 10
号，附若埃尔·马尔里厄〔Joël Malrieu〕专文导读）

《西西弗斯神话》（*LE MYTHE DE SISYPHE*），散文，新版
附弗朗兹·卡夫卡研究专文，1948 年，Les Essais 系列。更新版，
1990 年（NRF essais 系列；Folio essais 口袋书系 11 号）

《误会》（*LE MALENTENDU*）、《卡利古拉》（*CALIGULA*）
合订本，剧本，1947 年；1958 年新编（Folio 口袋书系 64 号）

《致德国友人书》（*LETTRES A UN AMI ALLEMAND*），
1948 年新版附未发表前言（Folio 口袋书系 2226 号）

《鼠疫》（*LA PESTE*），小说（Folio plus 口袋书系 21 号，
附伊夫·安塞尔〔Yves Ansel〕专文导读）

《戒严》（*L'ETAT DE SIEGE*），剧本（Folio théâtre 口袋书

系五十二号，皮埃尔－路易·雷伊〔Pierre-Louis Rey〕编）

《时事集》（*ACTUELLES*），政论

一、评论集，1944—1948（Folio essais 口袋书系 305 号）

二、评论集，1948—1953

三、阿尔及利亚评论集，1939—1958（Folio essais 口袋书系 400 号）

《正义者》（*LES JUSTES*），剧本（Folio 口袋书系 477 号）

《反抗者》（*L'HOMME REVOLTE*），散文（Folio essais 口袋书系 15 号）

《夏》（*L'ETE*），散文

《流亡和独立王国》（*L'EXIL ET LE ROYAUME*），短篇小说集（Folio 口袋书系 78 号）

《堕落》（*LA CHUTE*），中篇小说（Folio plus 口袋书系 36 号，伊夫·安塞尔专文导读）

《瑞典演说文》（*DISCOURS DE SUEDE*）（Folio 口袋书系 2919 号），Carl Gustav Bjurström 跋

《反与正》（*L'ENVERS ET L'ENDROIT*），（Folio essais 口袋书系 41 号）

《加缪手记》（*CARNETS*）：

一、1935 年 5 月—1942 年 2 月

二、1942 年 1 月—1951 年 3 月

三、1951 年 3 月—1959 年 12 月

《旅行日记》（*JOURNAUX DE VOYAGE*）

《与让·格勒尼埃通信集：1932—1961》（*CORRESPONDANCE AVEC JEAN GRENIER〔1932-1961〕*），Marguerite Dobrenn 导读和注释

《卡利古拉》（*CALIGULA*），（Folio théâtre 口袋书系 6 号），皮埃尔 – 路易·雷伊编

《误会》（*LE MALENTENDU*），（Folio théâtre 口袋书系 18 号），皮埃尔 – 路易·雷伊编

《约拿斯或工作中的艺术家》（*JONAS OU L'ARTISTE AU TRAVAIL*）与《长出来的巨石》（*LA PIERRE QUI POUSSE*）合订本，（Folio 口袋书系 3788 号），改编剧本

《信奉十字架》（*LA DEVOTION A LA CROIX*），改编自佩德罗·卡尔德隆·德·拉·巴尔卡

《闹鬼》（*LES ESPRITS*），改编自皮埃尔·德·拉里维（Pierre de Larivey）

《修女安魂曲》（*REQUIEM POUR UNE NONNE*），改编自威廉·福克纳 1984 年新版（Le Manteau d'Arlequin 系列，新编）

《奥尔梅多的骑士》（*LE CHEVALIER D'OLMEDO*）改编自洛佩·德·维加

《群魔》（*LES POSSEDES*）改编自陀思妥耶夫斯基

《加缪笔记》（*Cahiers AIbert Camus*）

一、《快乐的死》（*LA MORT HEUREUSE*）

二、维亚拉涅：最初的加缪与加缪少作集（*Paul Viallaneix: Le premier Camus suivi d'Ecrits de jeunesse d' Albert Camus*）

三、《战斗片简（1938—1940）——发表于阿尔及尔共和报之文章》（*Fragments d'un combat〔1938-1940〕-Articles d'Alger Républicain*）

四、《卡利古拉》（*CALIGULA*），1941 年编

五、阿尔贝·加缪：开放式作品，封闭式作品？ 1982年塞里兹研讨会论文集（*Albert Camus: œuvre fermée, œuvre ouverte ? Actes du colloque de Cerisy〔juin 1982〕*）

六、《快报》社论集——1955 年 5 月 ~ 1956 年 2 月（*Albert Camus éditorialiste a L'Express〔mai 1955-février 1956〕*）

七、《第一个人》（*LE PREMIER HOMME*）（Folio 口袋书系 5320 号）

八、《战斗加缪论文合集》（*Ouvrage collectif Camus à Combat*），Jacqueline Lévi-Valensi 主编、导读和注释，Bibliothèque de la Pléïade 系列

《剧本及中短篇小说》（*THEATRE, RECITS ET NOUVELLES*），

罗歇·基约编，让·格勒尼埃前言

　　《论文集》（*ESSAIS*），罗歇·基约和 路易·福孔（Louis Faucon）合编

卡尔曼 – 莱维出版社

　　《断头台省思》（*REFLEXIONS SUR LA GUILLOTINE*），收录在《死刑省思》（*Réflexions sur la peine capitale*），与库斯勒合著，专论

l'Avant-Scène 出版社

　　《特殊个案》（*UN CAS INTERESSANT*），改编自迪诺·布扎蒂，剧本